流动儿童身份认同现状及干预研究

邓宇 著

中国纺织出版社有限公司

图书在版编目（CIP）数据

流动儿童身份认同现状及干预研究／邓宇著．--北京：中国纺织出版社有限公司，2023.12

ISBN 978-7-5229-1301-8

Ⅰ.①流… Ⅱ.①邓… Ⅲ.①流动人口—儿童—社会团体—身份—社会认知—研究 Ⅳ.①D669.5

中国国家版本馆 CIP 数据核字（2023）第 237499 号

责任编辑：王慧　　责任校对：王蕙莹　　责任印制：储志伟

中国纺织出版社有限公司出版发行
地址：北京市朝阳区百子湾东里 A407 号楼　邮政编码：100124
销售电话：010—67004422　传真：010—87155801
http://www.c-textilep.com
中国纺织出版社天猫旗舰店
官方微博 http://weibo.com/2119887771
北京虎彩文化传播有限公司印刷　各地新华书店经销
2023 年 12 月第 1 版第 1 次印刷
开本：787×1092　1/16　印张：9.75
字数：180 千字　定价：98.00 元

P reface 前言

　　随着改革开放政策的不断贯彻与实施，流动儿童日益增长，成为了一个庞大且不容忽视的群体。流动儿童的身份认同问题日益凸显，并衍生出了一系列的心理及行为问题；这不仅影响其身心的健康发展，长远看将威胁社会的和谐与稳定。而我国现有对流动儿童身份认同的研究起步晚，且测量工具多以借鉴国外量表为主，缺少符合统计学指标的本土化测量工具；仅有的对流动儿童身份认同的研究多局限于制度层面的探讨，缺乏对其主体深入而细致的挖掘；关于流动儿童身份认同的干预更是几近空白。因此，编制针对流动儿童身份认同的测量工具、对其现状的探讨及干预的研究显得可行且十分必要。

　　本研究由三个部分构成：研究一、流动儿童身份认同问卷的编制；研究二、以大理和昆明 7 所民办农民工子弟学校的 1080 名流动儿童为研究对象，进行流动儿童身份认同的总体现状与发展特点研究；研究三、选取 20 名流动儿童作为研究对象，开展流动儿童身份认同的干预研究。研究结果如下：

　　1. 研究编制的流动儿童身份认同问卷有 19 个条目，由身份识别、情感归属和行为倾向三个因素组成；统计结果表明，该问卷达到了心理测量学的相关要求，可作为流动儿童身份认同的测量工具；

　　2. 流动儿童身份认同总体处于中等略偏上水平，在年级、进城时间、父亲文化程度、家庭经济状况、周围居住环境、住房、学习成绩好坏、与周围人际关系等人口统计学变量分别对流动儿童身份认同的一个或多个维度有显著影响；

　　3. 流动儿童身份认同水平通过聚类分析划分为四类，分别为：边缘型（21.4%）、混涉型（28.6%）、进入型（31.0%）和整合型（19.0%）；

4. 自尊心、社会支持与流动儿童身份认同均呈正相关；自尊和社会支持对流动儿童的身份认同具有显著的正向预测作用；

5. 团体心理辅导能有效改善流动儿童的身份认同状况。

邓 宇

2023 年 4 月

Contents 目录

1

绪　　论

1.1　问题提出

1.1.1　流动儿童数量庞大，成为了不容忽视的群体

20 世纪 80 年代，随着改革开放政策的不断深化与实施，我国国民经济蓬勃发展，越来越多的农村剩余劳动力为了谋求更好的生活和发展空间，选择背井离乡涌入城市。20世纪 90 年代后，农村人口流动由家庭个体成员的"只身外出"逐步过渡到以夫妻为核心的"举家迁徙"，流动形态由"季节式""候鸟式"或"钟摆式"的流动向着城市"扎根式"的生活改变。我国的人口流动呈现出了一种新趋势——"家庭化"流动，"家庭化"农村人口流动带来的一个最为直接结果就是城市中流动儿童的数量急剧增加❶，流动儿童成为了数量仅次于进城农民工的流动人口亚群体。

2021 年 5 月，国家统计局发布了《第七次人口普查数据》。新公民计划在此基础上，进行总结，数据显示：2020 年，中国流动人口子女规模约 1.3 亿人，超过中国儿童总数的40%，其中流动儿童规模 7109 万人，比 2010 年流动儿童规模的 3581 万人增长了近一倍，也就是说：平均每 4 个儿童中就有 1 个是流动儿童。与此同时，2021 年，全国人口 14.13亿人，其中城镇常住人口 9.14 亿，常住人口城镇化率为 64.72%。全国人户分离人口 5.04

---

❶ 段成荣，梁宏. 我国流动儿童状况[J]. 人口研究，2004，28(1)：5-11.

亿人，其中流动人口 3.85 亿人，比 2020 年增长了 900 万人❶❷。2020 年至 2021 年，虽然疫情对经济发展和人口流动造成了影响，但总体流动人口规模仍在继续增长，流动人口子女规模也在相应水涨船高。种种数据无不表明，流动儿童已然成为了城市中一个庞大且不容忽视的群体。

习近平总书记在 2023 年 5 月 5 日召开的二十届中央财经委员会上强调：人口发展是关系中华民族伟大复兴的大事，必须着力提高人口整体素质，以人口高质量发展支撑中国式现代化❸。而作为人口中占有较大基数比例的流动儿童，则成为了人口高质量发展不可或缺的关键性群体。《健康中国行动（2019—2030）》明确提出要关注流动儿童心理层面的健康问题❹。2021 年 3 月 13 日，《中华人民共和国国民经济和社会发展第十四个五年规划和 2035 年远景目标纲要》公布，强调要保障流动儿童群体的生活❺。

1.1.2 特殊的时代背景，身份认同问题越发凸显

特殊的时代背景使得流动儿童身份认同的概况越发严峻。与其父辈相比，他们身份认同的问题更为凸显。李培林等（2007）研究发现，虽然第一代农民工在其收入、生活水平、社会地位等都与当地城市居民有着差异，但他们通常不会与城市居民进行横向比较，而是与自己身在家乡的祖辈或同辈作纵向利益比较，故而他们对社会往往具有较为积极的态度❻。然而流动儿童因为从小包围在物质充裕的城市周围，更容易与城市当地人进行横向的比较。因此形成了自身强烈的落差感与不平衡感，进而渴望诉求其身份等的改变。相关研究发现，流动儿童在融入城市的过程中产生了身份认同困惑❼，经历了身份认同危机❽，遭遇着社会认同威胁❾，刘红升，靳小怡（2018）家庭化流动趋势的增强带来了规模庞大的流动儿童群体，与成年流动人口相比，流动儿童正处于身份认同的关键期，频繁流动的经历会带来认同的不断解构、建构、重构，导致认同危机加剧❿。在 2007 年春节联欢晚会上由流动儿童表演的《心里话》，感动无数观众：主题"我是谁"表达了无数流动儿童对其身份的困惑，也是他们迫切想要追问的"答案"；"融不进，回不去"成为了流动儿童最契合的心理宣言。

---

❶ 第七次全国人口普查公报（第七号）——城乡人口和流动人口情况［EB/OL］.［2021-5-11］.

❷ 中国流动人口发展报告 2021［EB/OL］.［2022-1-12］.

❸ 魏佳羽.中国流动人口子女发展报告 2022.［R］.2022.7.

❹ 国务院.健康中国行动（2019—2030）［EB/OL］.

❺ 国务院.中华人民共和国国民经济和社会发展第十四个五年规划和 2035 年远景目标纲要［EB/OL］.

❻ 李培林，李炜.农民工在中国转型中的经济地位和社会态度［J］.社会学研究，2007（3）：1-17，242.

❼ 郑友富，俞国良.流动儿童身份认同与人格特征研究［J］.教育研究，2009（5）：99-102.

❽ 冯帮.流动儿童身份认同危机的表现、成因及对策［J］.学前教育研究，2011（7）：38-41.

❾ 徐志刚.信任与城市流动儿童社会认同威胁的消解［J］.当代教育科学，2014（6）：7-9.

❿ 刘红升，靳小怡.农村流动儿童的身份认同及影响因素研究——基于深圳市流动儿童调查数据分析［J］.华中农业大学学报（社会科学版），2018（6）：112-122.

1.1.3　"10·27事件"的前车之鉴，让我们正视流动儿童身份认同问题

所以，流动人群身份认同问题导致的被外媒一致认为是在"二战"后法国所遭遇到的破坏最严重、波及面最广的，"10·27"青少年大规模骚乱事件曾震撼了整个法国政坛。分析其发生的根源，我们惊讶地发现：事件的导火线正是这些长期生活在法国，有的甚至出生就一直成长于法国的"外地人"所引燃。他们认为自己从小生活并成长于这个城市，但却一直被他人冠以别名，受以他待，没有获得自己应有的身份和权利。需要关注的是：我国流动儿童与这些法国"外来"青少年有着太多相似的地方，有专家指出我国的农民工"第二代"有可能引发下一个"10·27"；国内外专家学者纷纷表示：我们需以这场骚乱为鉴，对流动儿童的身份认同问题进行认真考量[1]。

1.1.4　流动儿童身份认同的研究具有重要意义

张国华等（2008）指出：如果在青少年的关键期不能建立好自我身份认同，就会出现行为、心理健康和人格等各方面的问题[2]。熊易寒（2010）的研究表明：流动儿童的身份认同对其政治态度和行为模式有着十分重要的影响[3]。梅传强等（2014）认为城乡文化差异、生活方式不同及家庭贫富差异易造成流动儿童心理失衡，使其缺乏社会归属和自我身份认同感[4]。而在城市相对高压的环境中，往往使得流动儿童对于一些不平的现象耐受性缺乏，在日常生活中往往采取一些极端或过激的行为来宣泄自己的不满，因此导致问题行为，甚至是反社会行为的出现。

王毅杰等（2009）认为身份认同对流动儿童的心理状况有着重要的影响，它不仅能预测其社会适应能力，同时也是其社会行为和与当地人群体关系的重要风向标；唐杰等（2020）认为身份认同是衡量流动人口心理层面市民化的重要指标，流动人口真正意义上的市民化，必然建立在高度的城市身份认同之上[5]。裴慧慧（2021）流动儿童只有真正融入城市，实现自我身份认同，才能利用城市资源，实现自我发展，进而为城市的发展作出贡献[6]。宋成全（2023）认为身份认同是心理社会融合的具体和可观察的指标，衡量流动人口心理层

——————

❶　于峥嵘. 法国骚乱提示中国未雨绸缪[EB/OL].

❷　张国华, 雷雳, 邹泓. 青少年的自我认同与"网络成瘾"的关系[J]. 中国临床心理学杂志, 2008, 16(1): 37-39, 58.

❸　熊易寒. 城市化的孩子：农民工子女身份生产与政治社会化[M]. 上海：上海世纪出版集团, 2010.

❹　梅传强. 转型期我国城镇化进程中未成年人犯罪防控研究[M]. 北京：法律出版社, 2014.

❺　唐杰, 聂炜烨, 秦波. 流动人口身份认同的多维测度及影响因素[J]. 中国人民大学学报, 2020(2): 29-37.

❻　裴慧慧. 城市流动儿童自我身份认同困境的个案工作干预研究[D]. 吉安：井冈山大学, 2021.

面的融合是社会融合的根本❶❷。

因此，对流动儿童身份认同的研究与探讨，对个体乃至整个社会的发展都具有深远的影响❸❹。随着社会的变迁，流动儿童身份认同则肩负着更为深远的意义；它不仅影响其身心的健康发展，更关系着社会的和谐与稳定❺。因此，对流动儿童身份认同的研究急不可待。

1.2 相关概念的界定

1.2.1 流动人口的界定

为了能准确把握"流动儿童"的内涵与外延，首先应认识"人口移动"，如图 1-1 所示。

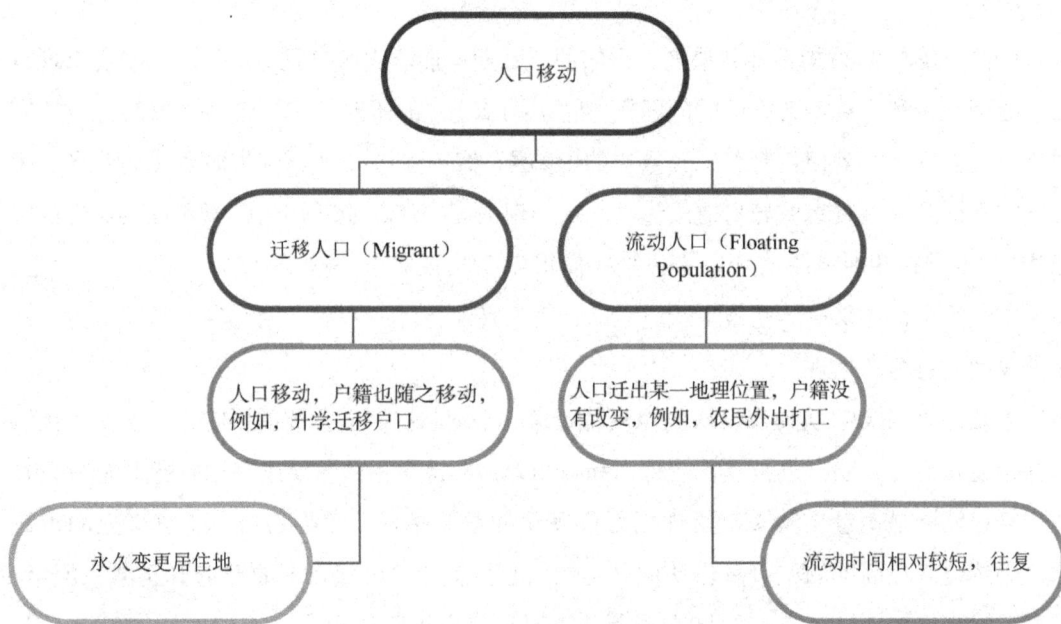

图 1-1 人口移动的概念

---

❶ 李虹，倪士光，黄琳妍. 流动人口自我身份认同的现状与政策建议[J]. 西北师大学报(社会科学版)，2012，49 (4)：68-74.

❷ 成全，张露. 就业青年流动人口的身份认同及影响因素研究[J]. 海南大学学报(人文社会科学版)，2023(1)：79-86.

❸ 史秋霞，王毅杰. 户籍制度背景下流动儿童的社会认同图景[J]. 青年研究，2009(6)：56-63.

❹ 白文飞，徐玲. 流动儿童社会融合的身份认同问题研究——以北京市为例[J]. 中国社会科学院研究生院学报，2009 (2)：8-16.

❺ 冯帮. 流动儿童身份认同危机的表现、成因及对策[J]. 学前教育研究，2011(7)：38-41.

由上得知：流动人口实际是人口移动的一种，它同人口迁移既有区别又有联系❶。据大家所知，随着改革开放政策的贯彻实施，流动人口日益发展与壮大。由于其流动原因、流动过程及流动结构的不一，进而在流动人口之下衍生了如：外来人口、外来务工人员、外来务工经商人员、农民工、民工等若干外延概念。流动人口在国外通常被称为"人口流动"。

1.2.2　流动儿童的界定

由中华人民共和国教育部和公安部联合颁布的《流动儿童少年就学暂行办法》规定：流动儿童是指"6-14(或7-15)周岁，随父母或其他监护人在流入地暂时居住超过半年以上并有学习能力的儿童少年"❷。而流动儿童又被称为"流动人口子女""打工子弟""流动儿童少年"、"进城务工人员子女"或"农民工后代的小移民"。在学界，跟随打工的父辈进城的农民工子女，一般都被统称为"迁移流动儿童"。其他相关学者对于流动儿童的概念界定具体如图1-2所示。

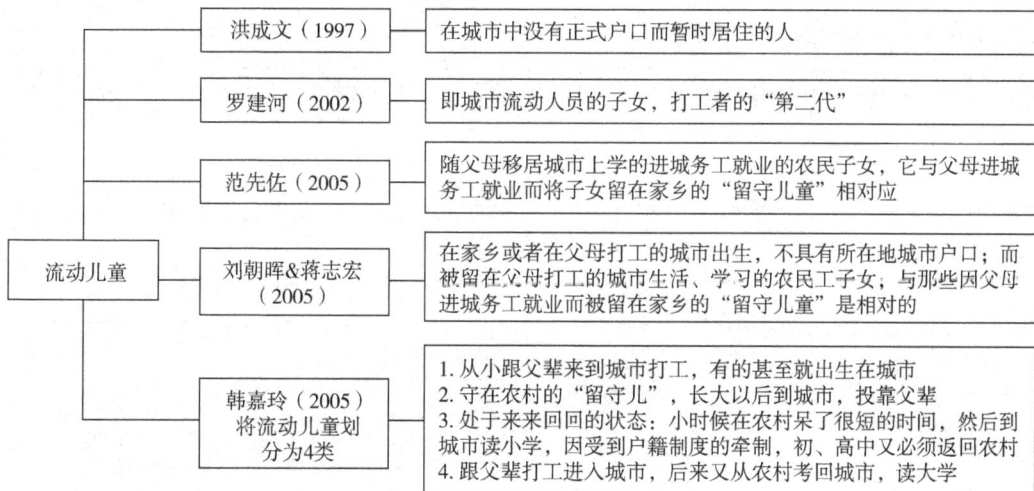

流动儿童	洪成文（1997）	在城市中没有正式户口而暂时居住的人
	罗建河（2002）	即城市流动人员的子女，打工者的"第二代"
	范先佐（2005）	随父母移居城市上学的进城务工就业的农民子女，它与父母进城务工就业而将子女留在家乡的"留守儿童"相对应
	刘朝晖&蒋志宏（2005）	在家乡或者在父母打工的城市出生，不具有所在地城市户口；而被留在父母打工的城市生活、学习的农民工子女；与那些因父母进城务工就业而被留在家乡的"留守儿童"是相对的
	韩嘉玲（2005）将流动儿童划分为4类	1.从小跟父辈来到城市打工，有的甚至就出生在城市 2.守在农村的"留守儿"，长大以后到城市，投靠父辈 3.处于来来回回的状态：小时候在农村呆了很短的时间，然后到城市读小学，因受到户籍制度的牵制，初、高中必须返回农村 4.跟父辈打工进入城市，后来又从农村考回城市，读大学

图1-2　流动儿童的概念

根据以上呈现的相关法规及学者们对"流动儿童"的理解，我们可以得知虽然对流动儿童的定义与概念的界定不尽相同，但多数基本都揭示出了流动儿童的本质与内涵。综上所述，本研究的流动儿童应具备以下几点：①跟随进城打工的父辈或其他监护人从农村来到城市，有的出生在城市；②现在生活在城市且在城市学校就读超过半年；③没有城市户口，仍保留着农业性质户口或是非农业户(简而言之，流入地非户口所在地)；④年龄在6~15周岁的少年儿童。在本研究中，流动儿童不但涵盖了农业户口的城镇儿童，且还包含了随父辈进城市打工的非农业户口的流动城镇儿童。

---

❶　孟艳俊. 流动儿童社会融合状况的比较研究[D]. 北京：首都经济贸易大学，2008.
❷　流动儿童少年就学暂行办法[EB/OL].

1.3 身份认同的文献综述

1.3.1 身份的概念

"身份"是一个古老同时兼具时代气息的词语，历史的变更赋予了它不同的表述。在传统的社会中，先赋身份通常占据着主导地位且十分稳固，一旦获得其身份，往往终其一生不变。而现在通常是指通过自己的努力而获得的某一身份，不像先赋身份具有不变性。不同的学者，有着对身份独到的见解，见图1-3。综合各专家学者对身份的理解，笔者认为：身份其实是对不同地位的表述。

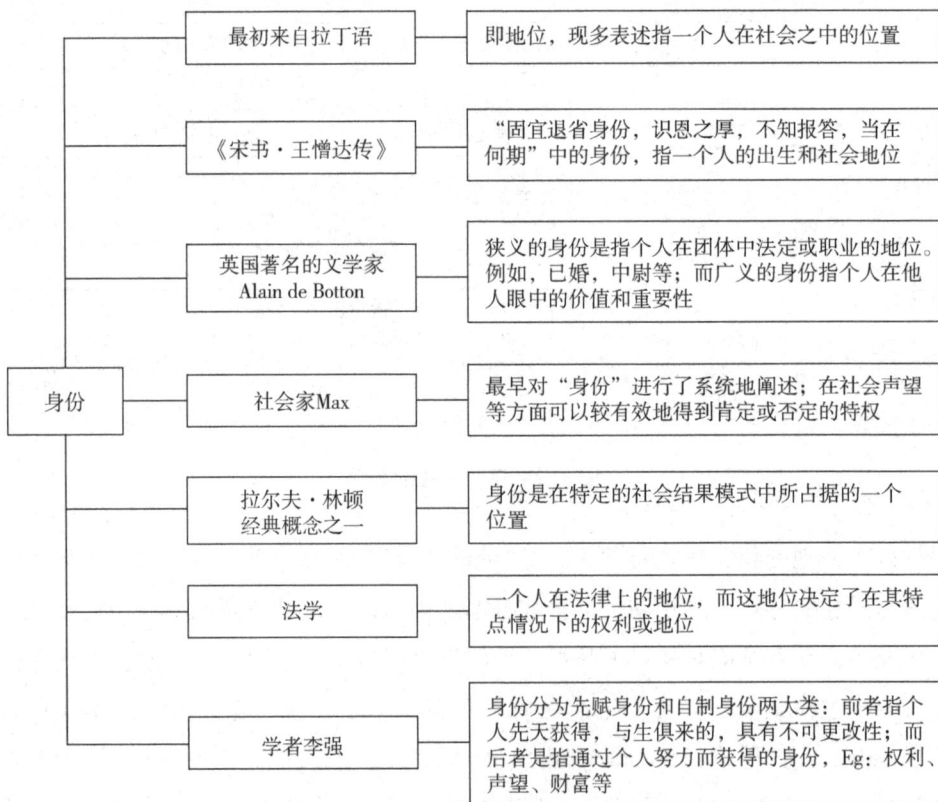

身份		
	最初来自拉丁语	即地位，现多表述指一个人在社会之中的位置
	《宋书·王憎达传》	"固宜退省身份，识恩之厚，不知报答，当在何期"中的身份，指一个人的出生和社会地位
	英国著名的文学家 Alain de Botton	狭义的身份是指个人在团体中法定或职业的地位。例如，已婚，中尉等；而广义的身份指个人在他人眼中的价值和重要性
	社会家Max	最早对"身份"进行了系统地阐述；在社会声望等方面可以较有效地得到肯定或否定的特权
	拉尔夫·林顿经典概念之一	身份是在特定的社会结果模式中所占据的一个位置
	法学	一个人在法律上的地位，而这地位决定了在其特点情况下的权利或地位
	学者李强	身份分为先赋身份和自制身份两大类：前者指个人先天获得，与生俱来的，具有不可更改性；而后者是指通过个人努力而获得的身份，Eg：权利、声望、财富等

图1-3 身份的概念

鉴于以上的回溯发现，身份往往渗透于人们生活的方方面面。由于其先赋性，问题不容易为人所觉察；而处于正在转型期社会的人们，因为社会结构因素或制度的制约与限制,从而导致其自我的认识与实际身份或地位间的不一致,进而诱发身份危机以及身份认同等问题。

1.3.2 认同的概念

认同是学术界研究的热点之一,在当代研究中它几乎是一个无所不在的概念,如图1-4所示。其涉及了哲学、心理学、精神分析学、社会学、人类学、管理学和历史学等众多学科领域。尽管不同学科之间对认同的定义莫衷一是,但对于认同(Identity)都有着与其学科特性相对应的定义与诠释。

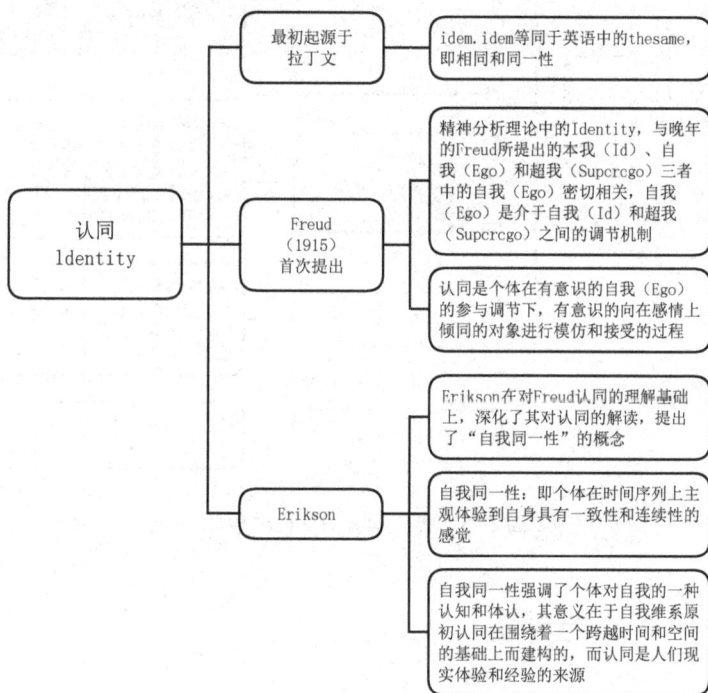

```
认同          ┌─ 最初起源于 ──── idem.idem等同于英语中的thesame,
Identity    │   拉丁文            即相同和同一性
            │
            ├─ Freud      ┌─ 精神分析理论中的Identity,与晚年
            │  (1915)     │  的Freud所提出的本我(Id)、自
            │  首次提出    │  我(Ego)和超我(Supcrcgo)三者
            │             │  中的自我(Ego)密切相关,自我
            │             │  (Ego)是介于自我(Id)和超我
            │             │  (Supcrcgo)之间的调节机制
            │             │
            │             └─ 认同是个体在有意识的自我(Ego)
            │                的参与调节下,有意识的向在感情上
            │                倾同的对象进行模仿和接受的过程
            │
            └─ Erikson    ┌─ Erikson在对Freud认同的理解基础
                          │  上,深化了其对认同的解读,提出
                          │  了"自我同一性"的概念
                          │
                          ├─ 自我同一性:即个体在时间序列上主
                          │  观体验到自身具有一致性和连续性的
                          │  感觉
                          │
                          └─ 自我同一性强调了个体对自我的一种
                             认知和体认,其意义在于自我维系原
                             初认同在围绕着一个跨越时间和空间
                             的基础上而建构的,而认同是人们现
                             实体验和经验的来源
```

图1-4 认同的起源发展

Erikson 在最初把同一性定义为:指个体在对过往、现在及未来这一时空,对自身主观感觉和体验的价值、目标和信念的内在一致性、连续性,以及自我与外界环境(Eg:社会、文化等)的协调性。然而,Erikson 并没对认同或同一性做清晰而明确的界定。因此,在此后相关的研究中,研究者基于 Erikson 的观点,结合自身研究的需要提出了诸多认同的概念,见图1-5。

基于以上的回溯,我们得知不管是以 Erikson 的自我同一性概念为基础的国外学者的观点,还是我国国内专家学者在借鉴国外专家理念基础上并结合自身对认同的理解所做的定义,都在一定程度上反映了认同不同方面的内涵。鉴于对文献的回顾,笔者认为,认同是不断变化发展的，它既是一个过程，又是一种状态；过程是个体在与他人或社会互动或接触的过程中，通过心理内部的不断调试而达到的协调一致；状态是指在某一时间形成的认同，成为在之后认识与了解外界事物的基础，影响着个体对外界事物的解读。

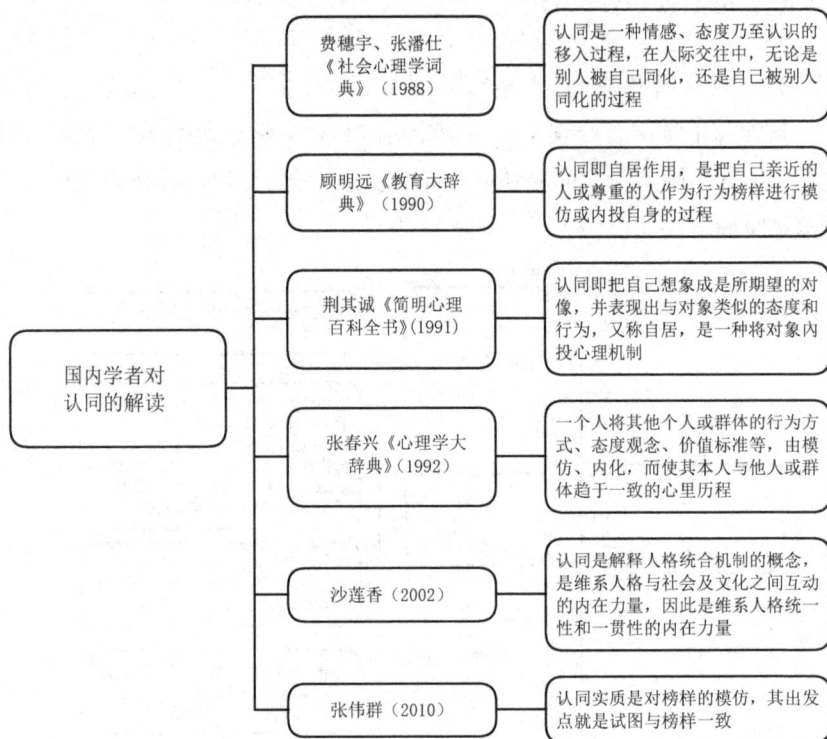

图1-5　国内学者对认同的解读

1.3.3　对身份认同的界定

1.3.3.1　身份认同的定义

身份和认同在英语中都可用 identity 一词表示，也就是个体确立身份的过程同时也是其认同建构的过程，只有真正地认同所属的身份并内化，才是真正的身份认同。目前，学术界公认的关于身份认同(identity)的定义是由 Tajfel 在 1978 年所提出，见图1-6。身份认同是其群体融合的最高阶段，它意味着群体间差异的完全消解以及同化进程的最终完成❶。

不同的学者从各自的视野对身份认同进行解读，进而得出了关于身份认同不同的理解，见图1-7。主要的概念界定如下：

---

❶ 白云飞，徐玲. 流动儿童社会融合的身份认同问题研究——以北京市为例[J]. 中国社会科学院研究生院学报，2009(2)：18-25.

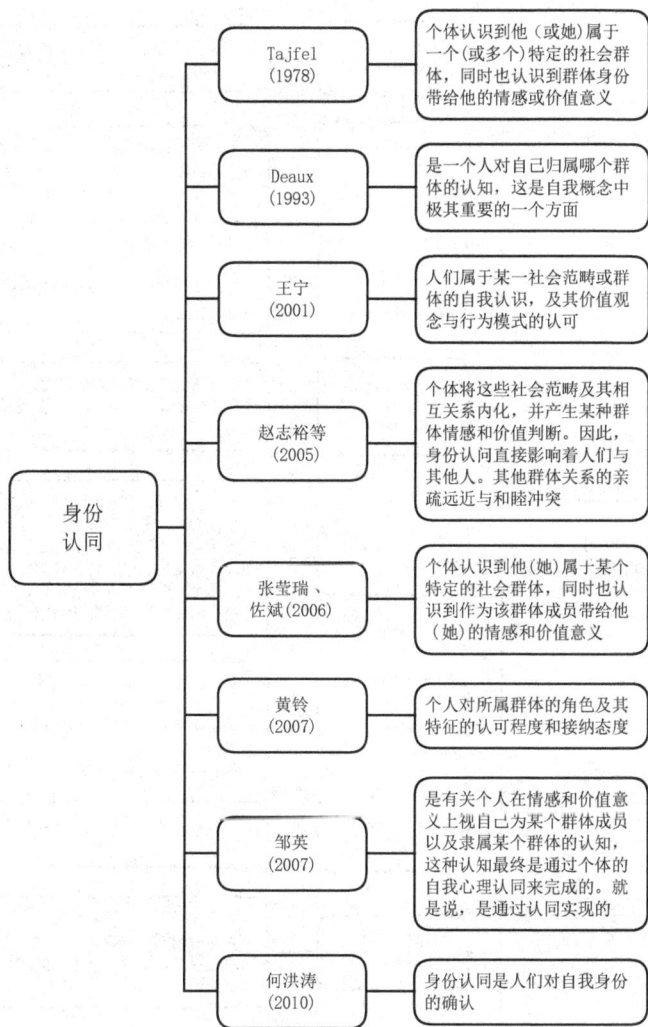

图 1-6 身份认同的概念

查阅相关文献得知：身份认同的起源与发展源远流长，最初身份认同的概念，可追溯于个人主体意识的崛起，是个体对于自身生存状况及生命意义的深层次叩问❶。随着学科的不断发展，身份认同的概念逐渐超过了哲学范畴，成为社会学、心理学等诸多学科研究的对象。

不同的学科对身份认同有着不同的见解，哲学将其视为价值和意义的承诺；社会学则强调个体对其社会身份或角色合法性的确认以及对社会关系的影响，有时也称为"社会认同"❷。心理学的身份认同更强调生理和心理层面上的一种整合的归属。

---

❶ 孙频捷. 身份认同研究浅析[J]. 前沿，2010(2)：68-70.
❷ 张淑华，李海莹，刘芳. 身份认同研究综述[J]. 心理研究，2012，5(1)：21-27.

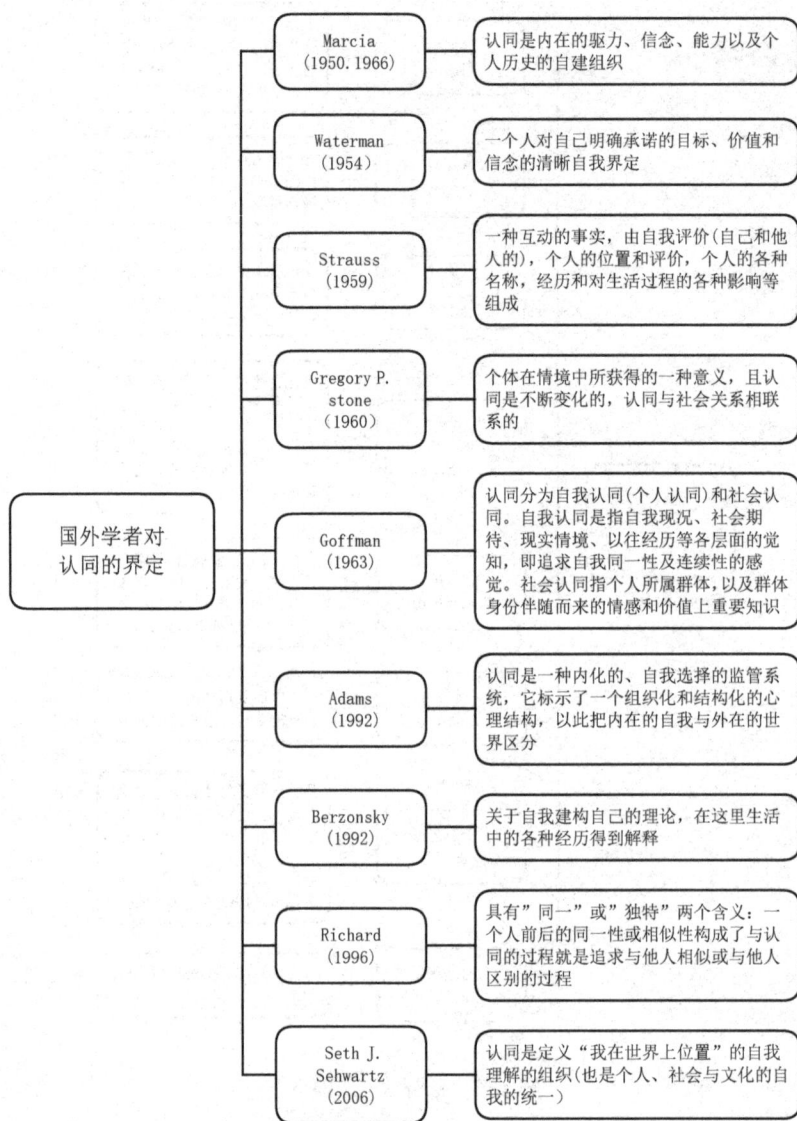

图1-7 国外学者对认同的界定

在流动人口的相关研究中，学者们将身份认同视为是社会融合的重要组成部分❶，认为外来的流动人口只有完成心理上身份认同转变，才算真正意义融入了当地社会❷❸。李虹(2012)等学者将身份认同定义为：流动者对自己身份的认知，即认为自己是城市人、农

---

❶ 杨菊华，张娇娇，吴敏. 此心安处是吾乡一流动人口身份认同的区域差异研究[J]. 人口与经济，2016(4)：21-33.

❷ 李虹，倪士光，黄琳妍. 流动人口自我身份认同的现状与政策建议[J]. 西北师大学报(社会科学版)，2012，49 (4)：68-74.

❸ 崔岩. 流动人口心理层面的社会融入和身份认同问题研究[J]. 社会学研究，2012，27(5)：141-160.

村人、外来人或是农民工；其突出的表现为自己与本地人之间的心理距离、归属感以及对自己究竟是谁等自我身份的思考。同时也有侯亚杰(2016)认为身份认同是一种主观心理认同的意愿，最基本的表现是本地市民身份的认同和对自己生活空间归属❶。

综合诸多学者的观点，本文把身份认同定义为：个体对自我身份的认知和所属群体的确认，同时在此过程中伴随的情感和行为进行心理整合的历程。一方面回答了我是谁，所属于哪个群体；另一方面对身份认同的结构进行了呈现：认知、伴随的情感和对应的行为模式。

1.3.3.2 身份与认同的关系与区别

谈到身份认同很自然就会联想到角色认同。那身份认同和角色认同以及其他类于职业身份认同、性别身份认同等又有着怎样的关联呢？角色认同更突出表现为角色需遵守和承担相应的行为准则和义务，而身份认同更关注于身份的归属但却不一定承担相应的义务，其更多探讨的是"我是谁"的问题，是特定群体中的自我概念。朱力(2000)认为角色是身份的一种具体体现，是其相应社会地位的具体外显形式❷。刘芳(2011)和杨菊华等(2013)对流动人口(农民工群体)身份认同的研究，其重点在于认同自己属于哪一个群体，以及认同该群体时所特有的相应情感体验❸❹。张淑华(2012)认为身份认同在某种程度上等同于其角色认同❺。由此推导出身份认同的一些概念(Eg：职业身份认同、性别身份认同或是种族身份认同)同样也可隶属于角色认同。

1.3.4 身份认同的相关理论

1.3.4.1 自我身份认同理论

Erikson(1968)作为自我同一性理论的创始人和关键人物，其对自我同一性的研究被认为是其个体认同研究的开端。Erikson认为每个人在不同的时期都有着不同的发展任务。而自我同一性的实现是青少年向成人过渡的核心任务。

按照Erikson所讲，自我认同其实是人格的本质，且包含着对意识、角色和价值观所做的承诺。健康的认同能为人们提供明确的目标并引导人们对生活进行抉择；反之，

❶ 侯亚杰，姚红. 流动人口身份认同的模式与差异基于潜类别分析的方法[J]. 人口研究，2016，40(2)：74-84.
❷ 朱力. 准市民的身份定位[J]. 南京大学学报(哲学. 人文科学. 社会科学)，2000，6：13-122.
❸ 刘芳，李海莹. 新生代农民工身份认同研究现状综述[J]. 社会科学学科研究，2011(9)：166-167.
❹ 杨菊华，张莹，陈志光. 北京市流动人口身份认同研究——基于不同代际、户籍及地区的比较[J]. 人口与经济，2013(3)：45-52.
❺ 张淑华，李海莹，刘芳. 身份认同研究综述[J]. 心理研究，2012，5(1)：21-27.

会影响个体的决策行为，并导致目标迷茫及更为严重的发展问题。Erikson 认为认同的发展具有两极性：①能为自己所做的决定而负责的能力的认同一致或自我同一性；②相对缺乏对自我的认识、自我方向感和自我认同混乱或涣散，也就没有能力认识"我是谁"。Erikson 强调令人满意的认同对其人格整合与稳定的重要性。韩晓峰（2004）认为在意识和潜意识的角度而言，自我同一性是个体对自我的感觉，了解自己何去何从，同时可以预期到将要获得价值的感觉，而这种感觉是有意识的层面，也有潜意识的层面，它们的深浅不一❶。

加拿大发展心理学家 Marcia 根据 Erikson 的自我同一性理论，以探索和承诺为变量，在 1966 年提出了个体认同理论模型（Identity Status Model）❷，Marcia 与 Erikson 的相关研究基本奠定了个体或自我认同的框架，尤其 Marcia 所提出的认同研究类型模型，引导着他提出的以后近 20 年认同领域的相关研究（图 1-8）。

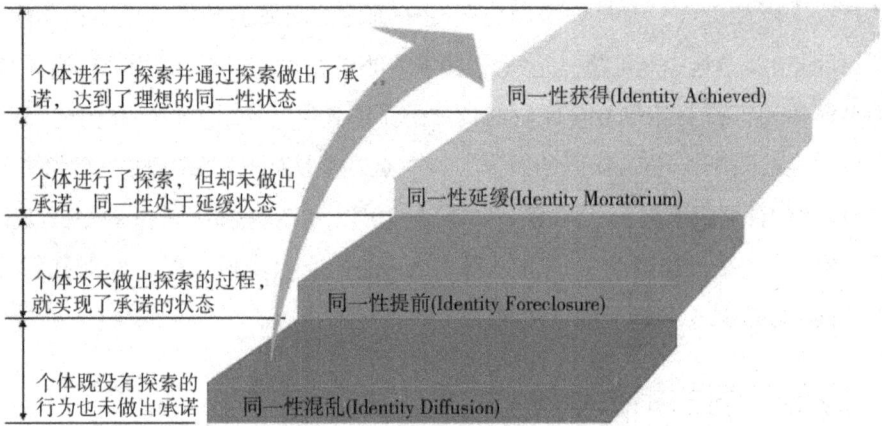

个体进行了探索并通过探索做出了承诺，达到了理想的同一性状态 —— 同一性获得(Identity Achieved)

个体进行了探索，但却未做出承诺，同一性处于延缓状态 —— 同一性延缓(Identity Moratorium)

个体还未做出探索的过程，就实现了承诺的状态 —— 同一性提前(Identity Foreclosure)

个体既没有探索的行为也未做出承诺 —— 同一性混乱(Identity Diffusion)

图 1-8　Marcia 的认同研究类型模型

在自我同一性研究里，其概念与内涵在不断的发展与扩充。在批判前人有关研究的基础上，又提出了其他的理论模型 Eg：认同风格模型（The Identity Style Model）、认同过程模型（The Identity Procedure Model）、认同控制模型（Identity Control Theory Model）、认同资源模型（The Identity Capital Model）等；而在测量的角度上，认同风格理论模型和认同过程理论模型基本沿袭了探索与承诺两个维度。

1.3.4.2 社会身份认同理论

社会认同（Social Identity，也被译作为社会同一性），有 Tajfel 和 Turner 等人在 70 世纪

---

❶ 韩晓峰，郭金山. 论自我同一性概念的整合[J]. 心理学探新，2004，24(2)：8-10.

❷ MARCIA J. Development and validation of ego-identity status[J]. Social Psychology, 1966(3)：551-558.

70年代所提出。现在已发展成为当代社会心理学的主要范式。Tajfel❶认为个体要实现认同是通过社会分类（Categorization）、社会认同（Identification）和社会比较（Social comparison）来实现对于内群体（In-groups）和外群体（Out-groups）的划分，见图1-9。通过以上三个过程，从而提高了其自身的价值和自尊❷。然而，在现实生活中，人们的群体成员资格和社会认同往往是多元的。在一个特定的情境中，哪种群体资格和社会认同会被激活和凸显，就成为了不可避免的问题❸。

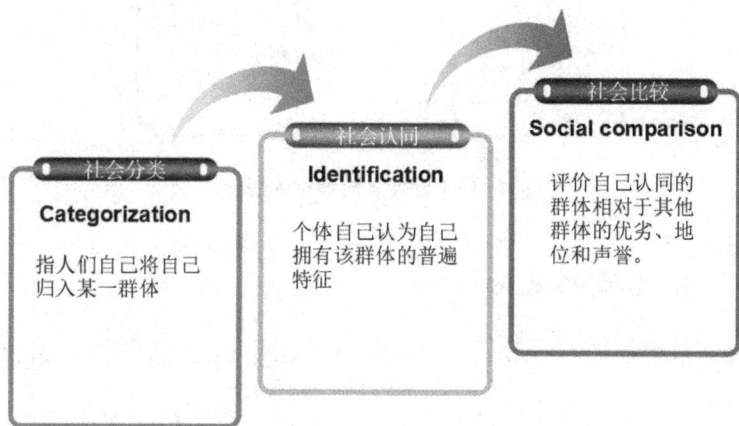

图1-9　社会认同的三个历程

　　社会认同理论有着一个共同的特点：社会行为不能仅仅从某个人的心理素质而进行解释，因此要较为全面地理解社会行为，就必须研究个体如何建构自己与他人的身份。在完成内外群体的划分之后，个体会根据自己被归类的类别群体所具有的属性来定义和调整自己的行为。Tajfel（1995）表示，个体的社会群体成员身份与群体类别是其自我概念的重要组成因素，鼓励人们通过努力地获得和维持积极的社会认同来提升其自尊❹。社会认同理论源自于一项针对群体行为的研究❺。

　　通过对以上对身份认同相关理论的梳理，纵观上述各种理论和假设可以发现：各种理论对于身份认同的解析由于其视角、侧重点及研究意旨不同，进而形成了各自独到的见解。研究者们都尝试着对身份认同的产生、发展的机制进行理论性的描述。各理论流派各有所长，也各有所差异。所以，为了更加透彻和全面理解和把握身份认同，避免片面和单

---

❶　TAJFEI H. Human groups and social categories[M]. Cambridge, England：Cambridge University Press, 1981.

❷　赵志铭，温静，谭俭邦. 社会认同的基本心路历程——香港回归的研究范例[J]. 社会学研究，2005：5.

❸　方文. 学科制度与社会认同[M]. 中国人民大学出版社，2008：79-80.

❹　BROWN R. Social Identity Theory：past achievements, current problems and future challenges[J]. European Journal Social Psychology, 2000（30）：745-778.

❺　HOGG MICHAEL A, DEBORAH J T, KAATHERINE M W, 1995, A tale of two stories："A critical of identity theory with social identity theory"[J]. Social Psychology Quarterly, Vol. 58（4）：255-269.

一，研究者需要从不同的角度去理解和研究身份认同。这些理论给我们提供了研究的导向和空间，使我们能在一个更广阔的视野中来认识与研究身份认同（图1-10）。

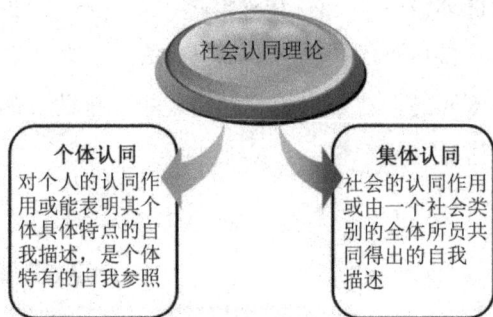

图1-10　社会认同理论的划分

1.3.4.3　其他理论基础

生态系统理论又被称为"社会生态系统理论"，由布朗芬布伦纳（U Bronfenbrenner）提出的个体发展模型，强调发展个体嵌套于相互影响的一系列环境系统之中，在这些系统中，系统与个体相互作用并影响着个体发展❶。该理论指导我们需关注个体的微观系统、中观系统、外层系统和宏观系统四个方面。微观系统具体指的是：个体及其家庭、学校、社区等，中观系统指的是学校、家庭、社区之间的联系，外层系统指的是与个体不直接有关但会影响他们的系统，宏观系统指的是上述三个系统形成的文化、社会大环境。在实际研究的过程中，要帮助个体不断调试各系统，维护内部系统运作的稳定性，建立个体微观系统与其他系统的互惠机制。只有个体能稳定获取外部资源补充系统所需，同时可以对外部系统数统，才能保证其整体有效性。

社会生态系统理论认为儿童发展要与各系统相结合，不能单从个体的层面进行研究，强调儿童自身与各系统的相互作用。关注流动儿童的成长和发展，首当其冲需关注流动儿童个体的生理状况、认知状况、心理状况等。其次，要对流动儿童的微观系统进行了解，进而分析微观系统各部分与流动儿童的互动情况，以及给流动儿童带来的影响与支持。此外，要了解微观系统之间的联系以及微观系统外围层面对流动儿童的影响，最后致力于营造对流动儿童有利的环境和氛围。

---

❶ 王思斌. 社会工作导论[M]. 北京：高等教育出版，2010：67-68.

1.3.5 身份认同的测量

由于身份认同结构划分，目前还未有统一的标准，且研究者对身份认同的定义和理解各不相同，所以编制的测量身份认同的工具也有很大差别。目前已有的有关身份认同的量表或从经验或从理论构想出发，有的测量一般性身份认同，有的则针对特定情境和特定人群的身份认同进行研究。常用的国外量表具体如图 1-11 所示。

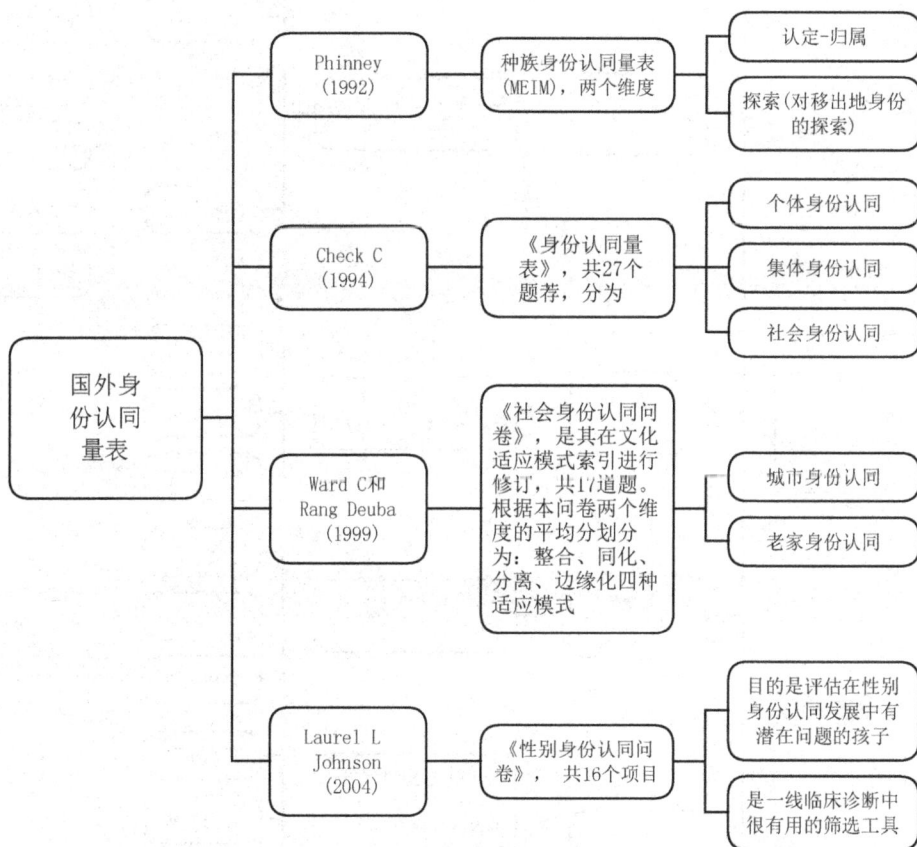

图 1-11　国外常用的身份认同量表

国内一些研究者修订了国外已有的身份认同量表进行研究，而一些研究者则根据研究的需要编制问卷以进行研究(图 1-12)。西方的移民认同对于我国身份认同研究具有一定借鉴意义。尤其在认同的具体方向上，是以本地身份为目标，引导外来人口向本地身份转变。然而，身份认同是否存在固有的模式，这些均值得我们思考。同时，国内流动人口与国外移民身份认同之间存在什么差异 。我国国内研究更侧重于对于往返流入与流出地间的"候鸟式"的流动人口，而国外研究则是永久性的人口迁移。其次，我国国内的身份认同问题源于我国户籍制度，而国外移民身份认同则更多涉及为国籍、种族、文化等。

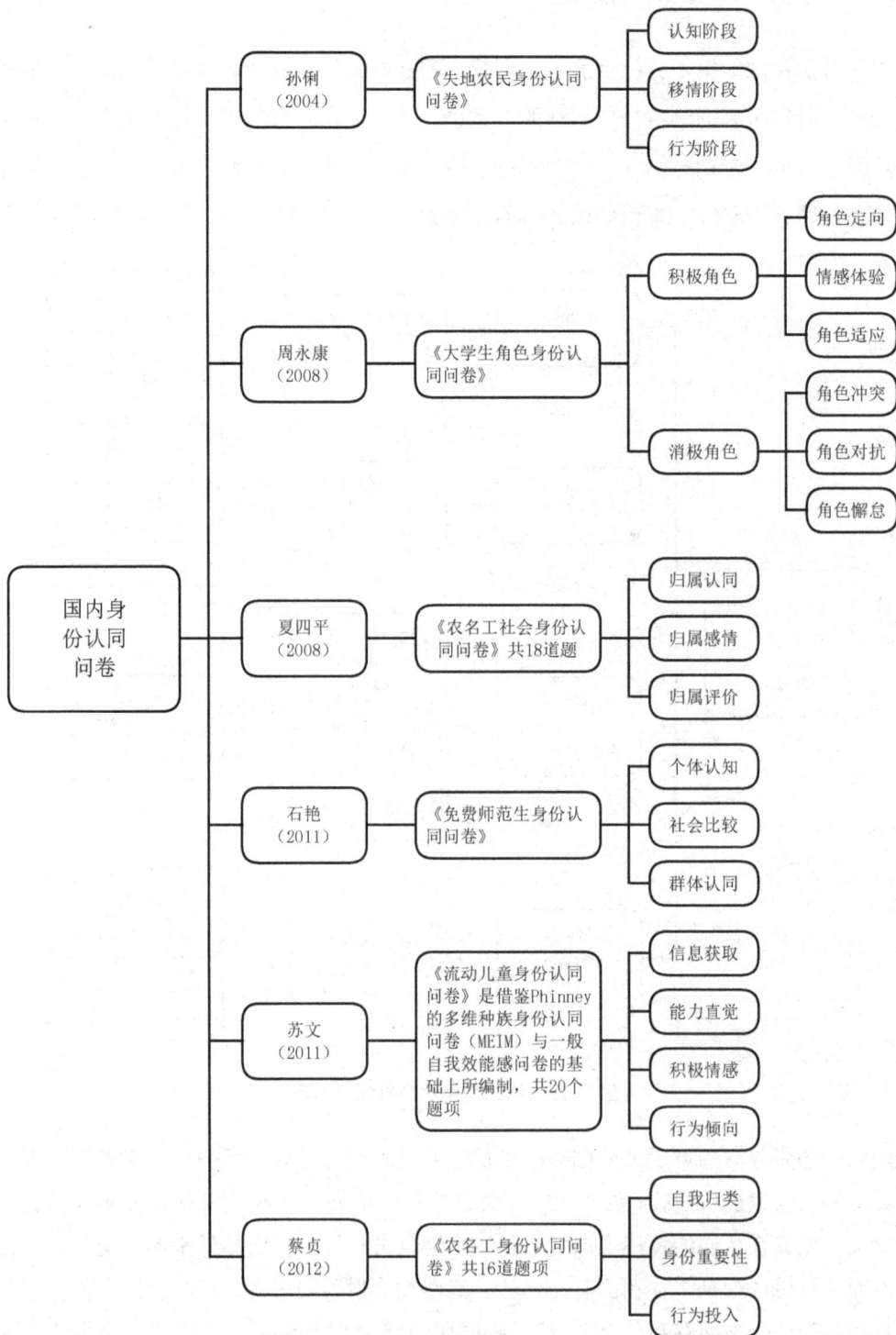

图 1-12 国内的身份认同问卷

　　学界对于身份认同的测量经历了从单一指标向多维指标测量方向的转变。早期主要聚焦于农民群体(Eg：失地农民、农民工)。通过询问："您认为自己是否还是农民?"来测量其身份认同概况，从而了解农民工进城务工后的身份困惑。同时，伴随着流动规模的扩大和其扎根于城市的深化，更多的学者则采用"你认为自己是否已经是城市人"进行测量。同时，部分研究采用"是否是老家人"和"是否是本地人"进行测量，得到"仍是老家人""已是本地人""既是老家人也是本地人（双重认同）"和"两者都不是（边缘认同）"四种认同类型❶，由此体现出身份认同的复杂性和矛盾性。同时，部分研究通过"是否认同本地身份"进而测量流动人口的身份认同概况❷。

　　以上研究，从对认同结果或是认同意愿的关注，均从单一的维度考察身份认同。随着研究的不断拓展，有学者认识到：身份认同应当是多维度多层次的❸，因此采用单一的指标进行测量可能得到与事实不符的结果。

　　总体来看，在对内涵认识相似的基础之上，研究者不断深化和拓展其对身份认同的概念外延，其内容越发全面，但仍有大量研究直接采用单一的指标进行测量，或是简单的二等分。同时，采用多维的测量体系对身份认同所赋予的层次未能达成共识，这些导致研究科学性有待提高，同时阻碍了不同研究之间的深化。对于这些量表的回顾和了解有利于更好地进行相关领域的深入研究，并编制符合与适用于我国针对某一特殊群体的身份认同量表。

　　从以上量表编制的结构和内容上，我们发现，编制问卷的方法主要有两种：

　　①从经验出发编制量表或以理论为基点编制量表；②多数量表倾向于将身份认同与特定的群体对象、特定的情景或特定的结果联系在一起，Eg：Phinney 的种族身份认同、Laurel L Johnson 的性别身份认同问卷、孙莉的失地农民身份认同。所以不同研究者针对不同群体所编制的身份认同量表，有的有相似之处，有的则差异较大。即使是针对同一群体所编制的身份认同问卷，也会有很大的区别。因为身份认同问题研究极为复杂，且研究者的理论视角不一样，因此其结构维度的划分和设计问卷的针对性和侧重点也就不尽相同。

　　我国国内身份认同的研究或是直接借鉴国外相关身份认同量表，或是基于国外的身份认同量表而进行修订。一些研究者则根据的具体研究需要编制问卷以探讨身份认同的影响因素。虽然在一定程度上对于某一对象的身份认同概况有所了解，但具有很大的局限性。因此编制针对流动儿童身份认同问卷变得可行且十分必要。

❶ 李志刚，梁奇，林赛南. 转型期中国大城市流动人口的身份认同、特征与机制[J]. 地理科学，2020，40(1)：40-49.
❷ 李荣彬，张丽艳. 流动人口身份认同的现状及影响因素研究—基于我国 106 个城市的调查数据[J]. 人口与经济，2012(4)：79-86.
❸ 唐杰，聂炜烨，秦波. 流动人口身份认同的多维测度及影响因素[J]. 中国人民大学学报，2020，34(2)：29-37.

1.4　流动儿童身份认同的相关研究

在 CNKI、万方、维普等数据库检索文献发现，有关流动儿童的研究大多是对其在城市生活现状的一种客观描述，Eg：流动儿童教育、社会保健或社会融入等，很少涉及对流动儿童自身主观认知方面上的探讨。其次已有的相关研究在很大程度上把流动儿童视为在客观环境下的被动接受者，却忽视了以流动儿童自身为出发点，探寻其内心的变化。以往的研究多漠视了流动儿童主体本身的自主建构性，同时忽略了流动儿童在环境变迁下的心理动态。总的来说，对流动儿童在社会变迁的过程中，对其主体性发挥的研究较少❶。近年来，有些研究者逐渐开始留意到流动儿童与外界互动过程中的主体的作用。而在其中，身份认同无疑是针对主体最为合适不过的代表。

回顾文献我们发现：我国国内对于身份认同的研究起步相对较晚。1998 年关于身份认同的研究开始萌芽，至此虽然每年都有相关文章的发表，但研究仍旧十分匮乏。关于身份认同理论的研究从 2005 年开始逐渐增多。而关于流动儿童身份认同的研究相对更晚。

流动儿童身份认同是城市化进程中与我国户籍制度结合所衍生产物，具有鲜明的"中国特色"。在 CNKI 上，以"流动儿童"（为防止疏漏，除了"流动儿童"，本文在检索过程中还以"流动少年""务工子弟""外来务工子女""农民工子女"为对象，考虑部分文献使用"社会认同"概念探讨身份认同的问题，因此也将其作为检索的关键词）。因此最终的检索范围为：流动儿童（或"流动少年"，或"务工子弟"，或"外来务工子女"，或"农民工子女"）和"身份认同"（或"社会认同"）为主题词进行专业检索，共得到 212 条结果（注：检索截止时间为 2023 年 6 月 24 日），历年的文献发布趋势如图 1-13 所示。

由图 1-13 可见，国内第一篇有关流动儿童身份认同的文献发表于 2006 年，此后几年呈现波折上升的趋势。到 2016 年达到研究的顶峰达 30 篇/年。但之后逐步回落，2022 年全年以流动儿童身份认同为主题的研究总量为 10 篇/年。在 2007 年出现的第一篇重点探讨流动儿童在城市社会的融合的研究中，对流动儿童身份认同问题有所提及。

已发表的有关流动儿童身份认同的文献显示，我国相关学者分别从不同的学科类别试图阐述流动儿童身份认同。以心理学的视角对流动儿童身份认同的研究有提及与探讨，但多为现状的概括描述。在深入分析现有文献时发现，相关学者只是在对流动儿童社会融入

---

❶ 熊易寒. 城市化的孩子：农民工子女的身份生产与政治社会化[M]. 上海：上海世纪出版社，2010.

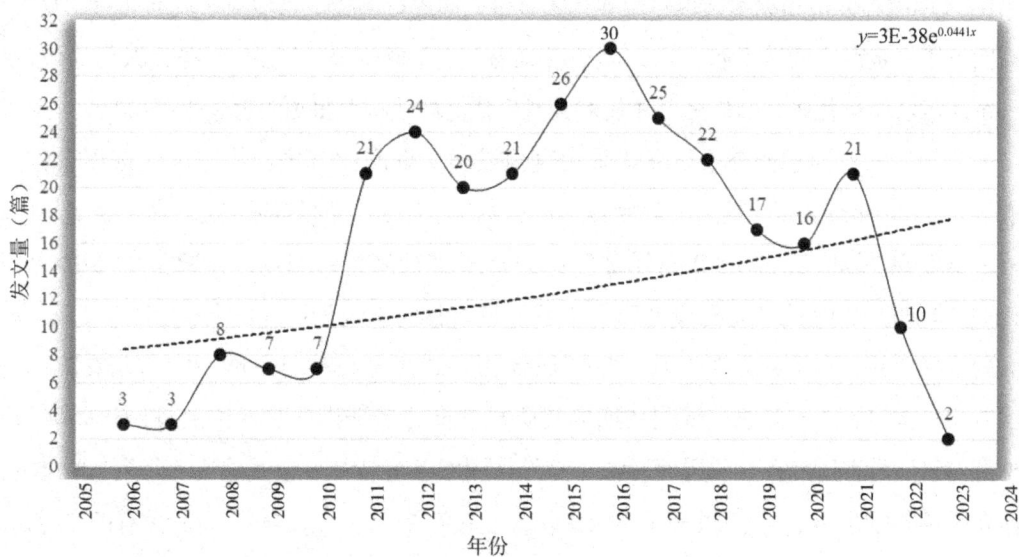

图 1-13 CNKI 中流动儿童身份认同的学术关注度

及心理健康研究中对流动儿童身份认同有所提及❶，但并未做细致而深入的分析。而为数不多的专门针对流动儿童身份认同的相关研究，多是从经验层面对流动儿童身份认同现状的描述，但鲜有涉及其主观方面对内心身份认同状况的动态挖掘。具体针对流动儿童身份认同的研究概况如下：

（1）流动儿童身份认同的研究方法。

关于流动儿童身份认同的研究大多采用文献法、访谈调查法等质性研究的方法和问卷调查法对流动儿童身份认同现状进行了探讨，然而实证研究相对较少。

文本分析：已有研究采用对被试的作文、日记等资料进行编码分析其身份认同概况。高水红（2008）以命题作文的形式收集流动儿童对身份认同的理解❷。李淼（2008）对流动儿童的作文"我"进行编码与归类，进而研究其身份认同的建构问题❸。陈静静（2010）通过对流动儿童的作业及日记进行记录进而分析其内心世界对内在自我的认识❹。进而从一个相对感性的层面对流动儿童身份认同状况得以了解。

访谈：刘杨❺（2013）对 21 名流动儿童进行访谈，并对 451 名流动儿童用自我标签法（例如，你觉得你是哪里人）进而对流动儿童身份认同的评价标准和现状进行评定。熊易寒❻

❶ 唐有财. 流动儿童的城市融入-基于北京、广州、成都三城市的调查[J]. 青年研究, 2008(1)：30-38.
❷ 高水红. 学校教育与农民工子女的身份认同[J]. 当代教育科学, 2008, 22：11-15.
❸ 李淼. 城乡二元结构与流动儿童自我身份建构研究[D]. 北京：中国人民大学, 2008.
❹ 陈静静. 流动儿童的城市适应研究-从流动儿童的教育生活谈起[D]. 福州：福建师范大学, 2010.
❺ 刘杨等. 流动儿童社会处境、发展状况及影响机制[M]. 北京：北京大学出版社, 2013(1)：156-159.
❻ 熊易寒. 城市化的孩子：农民工子女身份生产与政治社会化[M]. 上海：上海世纪出版集团, 2008(8)：34-35.

（2010）采用内容分析和深度访谈对流动儿童身份认同进行剖析。虽然对于流动儿童的身份认同现状有了一定程度的认识和了解，但还存在着一定的盲点。因此不仅需要深化的质性研究，也同时需要量化研究的佐证，才能对其身份认同的建构获得更为合理性的解释。

问卷调查法：问卷调查法研究者采用直接或间接询问的方式，将题项的选项设置为：①农村人，②城市人，③说不清楚❶❷等类似的选项。而常用的其他研究工具，大多是借鉴国外的身份认同量表，或对其国外身份认同量表进行修订。刘杨，方晓义❸（2013）采用Phinney 编制的 MEIM 量表对流动儿童身份状况进行探讨。这和以往的研究相比，已经有了很大的改进，并丰富相关研究成果。唐杰等（2020）从"想不想""能不能"和"有没有"三个方面去考虑，构建了认同意愿、认同预期以及认同结果的多维指标其评估的身份认同现状❹；国外身份认同量表虽然在某些层面反映了身份认同的某些特征，但我国流动儿童与国外移民群体有所同也有所不同。流动儿童是中国特色社会主义的产物，该群体有着其独有的身份认同特征。因此，借鉴国外已有的身份认同量表进行我国流动儿童身份认同的研究是十分有限的。

（2）已有研究对流动儿童身份认同的划分。

在中国特殊的社会背景下，时代赋予了流动儿童特别的身份特征；目前，流动儿童的身份认同主要从以下三个方面进行标定：

第一，制度性的身份。尽管流动儿童大部分时间生活、成长，有的甚至从一出生就生活在城市。但城乡二元的户籍制度在他们的身上早已烙上了农村人的印记，这个印记无情地把他们排除于城市之外。因此他们无法享受与城市同龄人的相同待遇，Eg：就学、医疗、社会保障等方面的福利。然而，这种身份具有可变性。许多流动儿童在城市生活的熏陶下成长，无形中认可了城市群体的优势地位，希望通过自身的努力而成为该群体的一员。

在已有的相关研究大多采用的"自我标签法"对流动儿童身份认同进行了解，其结果多是用制度性的身份进行作答。刘杨（2013）用自我标签法对 451 名流动儿童的身份认同概况进行评定：结果显示 79.52% 的流动儿童认为自己仍是老家人，11.08% 则认为自己是当地人，而其余剩下的流动儿童均表示对此并不清楚❺。这一调查结果与以往研究的结果较一致：老家人，是该群体大多数人局限于制度体制下进行的作答。刘红升，靳小怡（2018）的调查结果显示制度性身份认同模糊的比例占 47.7%，地域性身份认同模糊的占比 34.0%❻。然而，自我

---

❶ 唐有财. 流动儿童的城市融入—基于北京、广州、成都三城市的调查[J]. 青年研究，2009(1)：30-38，94.

❷ 石长慧. 城市更好：流动少年的身份认同与群体偏好[J]. 中国农村观察，2010(3)：2-12，36.

❸ 刘杨，方晓义. 流动儿童社会身份认同与城市适应的关系[J]. 社会科学战线，2013(6)：190-194.

❹ 唐杰，聂炜烨，秦波. 流动人口身份认同的多维测度及影响因素[J]. 中国人民大学学报，2020(2)：29-37.

❺ 刘杨. 流动儿童社会处境、发展状况及影响机制[M]. 北京：北京大学出版社，2013.

❻ 刘红升，靳小怡. 农村流动儿童的身份认同及其影响因素研究——基于深圳市流动儿童调查数据的分析[J]. 华中农业大学学报(社会科学版)，2018(6)：112-122，157.

标签是身份认同的最外表层要素，并不是真正反映流动儿童身份认同的核心变量。以上用自我标签法所得到的结果更多是社会制度所标榜的身份，并不是流动儿童内心真正认可的身份。因此，其相关测量结果只能作为流动儿童身份认同的某一参考指标。

第二，社会表征性的身份。查阅文献我们发现，流动儿童还被人们叫作"流动人口子女""农民工子女""进城务工子女"等不同的称谓。这其实是社会身份的标签，在一定程度上带有某种意义上的阶级色彩。这样"与众不同"的标签进而激发了流动儿童对于自己身份的思考。有研究显示：流动儿童表示并不喜欢这样的称谓，"打工子弟"或是"农民工子女"等使之感觉有点儿"刺耳"❶。他们对自身真正的身份归属越发敏感。因此，流动儿童在羡慕城市儿童之余，更多期望改变自己当前的身份，合理的手段如：高考升学，工作的晋升。憧憬着这样鲤鱼跳龙门般曲线式地蜕变为城市身份。而不合理的手段则表现为对社会的敌视，采用极端或不合理的方法宣泄对其身份不等的不满。鉴于此，以上"打工子弟""外来务工子女"等这样的称谓，是外界赋予流动儿童的，并不是流动儿童当事者自身真正意义上对于自己身份的认同。因此，这样的身份称谓对于流动儿童自身的普适性而言还有待商榷。

第三，心理社会身份。户籍制度把流动儿童牢牢地禁锢在了农村，但是，伴随着城市化步伐的加快，该群体在追随父辈谋生计的过程中，不断适应城市，与城市融合。他们不断熟悉城市当地人的生活作息，适应城市当地人的生活节奏，生活习惯也随之发生改变。其价值观念也在不断与城市当地人的磨合中悄然发生着变化。在这样城市化的进程中，该群体的制度性身份认同在不断减弱，而潜在期待的身份认同在不断滋长：流动儿童一度以为自己真的就是城里人。然而，客观事实为：城市居民和相关政策的权利与保障等并未把流动儿童纳入进"我群"的行列，仍旧认定他们是"外来者"或"他者"的范畴。因此出现了身份模糊和身份认同"内卷化"的局面。

流动儿童对于自己是城市人还是农村人，或是漂移于城市与农村之外的其他人感到迷茫与困惑，进而引发内心极度的不确定和无安全感。在城市之中，该群体处于进退两难尴尬境地导致其不可避免的妥协成了一种不满意的身份认同，而自我身份认同理论表示，不满意的身份认同将影响其人格的整合和稳定，长远来看很可能会衍生出其他心理及行为问题。

梳理已有的研究发现：流动儿童本身大多从制度性身份进行作答，流动儿童以外的人绝大多数采用社会表征性身份对流动儿童身份进行标识。从其各自的落脚点来看，并没有不妥。然而，他们却忽略了流动儿童自身内心挣扎与动荡的变化过程，并不是流动儿童内心最为契合的身份认同符号。因此本研究，更多的是对流动儿童心理社会身份认同的探讨。

---

❶ 王毅杰，高燕. 流动儿童城市生活融合［M］. 北京：社会科学文献出版社，2010，5：280.

（3）流动儿童的身份认同现状受多种因素所影响。

回顾文献我们发现：郑友富，俞国良等（2009）认为流动儿童身份认同是由宏观因素（Eg：制度、文化等）和微观因素（Eg：行为主体的利益、情感、理解等）的共同作用下形成的❶多元身份认同❷。刘庆和冯兰（2014）研究显示：制度设置因素、家庭因素和社会记忆因素等都显著影响着其流动儿童身份认同。雷鹏（2012）研究结果表明，学校、同伴关系和师生关系以及校园人际关系对流动儿童身份认同具有显著的影响。

总结文献可发现：大多数研究者把流动儿童的身份认同主要归结为内外两因素的共同作用下所形成的；所谓外因素是指社会制度，周围他群体（老师、同伴）所表现出对该群体的态度及行为，所处环境（学校）；而内因素是指流动儿童群体本身对其刻板印象的内化、情感，以及其自尊动机的驱使❸。

根据Bronfenbrenner的生态系统理论，流动儿童接触的微观系统主要是学校和家庭，而老师和同学在学校的环境背景下扮演着重要的角色，由此学校及在学校之中衍生出的同伴和社会关系对流动儿童身份认同产生了极其重要的影响。无论是内外因素还是宏观与微观的因素，流动儿童身份认同是在中国特色社会主义的背景下多种因素的交融下所形成的。

以上研究给予了我们一种启示：流动儿童的身份认同有着自身特有的印记，其并不只是被动地接受来自制度、社会或是他人对自己身份的标识，他们是一个灵活的个体。其身份认同是在多种因素的催化下不断解构与建构而形成的。流动儿童身份认同具有动态性、不确定性，是一种复合型的身份认同。所以其身份认同的类型并不是单纯的"城市身份认同"或是"农村身份认同"就能解释清楚。因此，要综合考虑相关因素对于其身份认同的影响，从而找到其最切实的身份认同。

相关研究表明流动儿童存在身份认同危机，其身份认同危机不仅影响流动儿童身心的全面发展，同时危及社会的和谐与稳定❹。然而，当前对于流动儿童身份认同的研究多处于描述阶段，在为数不多针对身份认同问题中的研究中，研究者不约而同从宏观角度进行呼吁，Eg：推进户籍制度改革、教育公平等；却忽略了流动儿童自身微观方面的探索-主体主观能动性的发挥。然而宏观政策方面的变革并不是一蹴而就的，不能把所有关注焦点都投注于之上，而应对该群体当事者本身同时也进行扰动。可是，当前针对流动儿童主体的干预性研究还处于一个相对空白的阶段。

---

❶ 郑友富，俞国良. 流动儿童身份认同与人格特征研究[J]. 教育研究，2009（5）：99-102.
❷ 石长慧. 我是谁?：流动少年的多元身份认同[J]. 青年研究，2010a（1）：25-39.
❸ 王毅杰，史秋霞. 参照群体下流动儿童的身份意识及成因[J]. 南京工业大学学报(社会科学版)，2008(3)：53-57.
❹ 冯帮. 流动儿童身份认同危机的表现、成因及对策[J]. 学前教育研究，2011(7)：38-41.

（4）流动儿童身份认同多元化和研究单一与静态化的矛盾。

王莹（2008）认为身份的建构是一个不断变化的过程，并不是一成不变的；个体的认同是多重的，进而其身份认同也是多元的，因此对多元身份的进行管理是个体身份认同的重要议程❶。方文（2009）❷认为，个体在生命历程中被归属于不同的群体，拥有多元群体资格。熊易寒（2010）流动儿童的身份认同不单单是社会结构决定的，也是由事件所驱动的，充满着建构性和不稳定性❸。石长慧（2010）认为流动儿童的身份认同是多元的，而在这多元的群体身份中，流动儿童会选择一些他们最乐意的身份认同；在其认定的身份之间存在着冲突、矛盾与张力❹。这与身份认同的符号互动理论不谋而合，身份认同并不独立于社会，相反正是在特殊的社会背景下，流动儿童才得以离开老家，进入城市。在城市适应的过程中与当地的文化、生活方式、习惯以及价值观不断磨合与交融的过程中，形成了流动儿童群体特有的身份认同。因此对流动儿童身份认同的研究需考虑以多元化的视角对其进行探讨。

回顾以往研究发现，大部分的研究者对流动儿童的身份认同的界定是单一化的：农村身份认同、城市身份认同，或是身份认同模糊。对于其身份认同的分类方式始终摆脱不了"城市人"或"农村人"的社会制度概念束缚，然而对于流动儿童身份认同的影响不仅仅局限于制度在他们身上所烙下的印记，还同时伴随着在社会融入的过程中流动儿童与城市价值观、文化、生活、城市学校和社会适应等撞击所衍生的心理身份认同。然而，已有的流动儿童身份认同研究把流动儿童定格于一个相对片面的、相对静止的、基于经验层面上的研究，并不能真正反映流动儿童身份认同的真实境况。

在这样的研究导向下，研究者多把流动儿童视为一个被动的群体，忽略其个体的主观能动性；其结果在某种程度而言是一种拘泥于社会制度上的一种机械化的作答，并不是主体心声的真实反映。因此，我们在对流动儿童身份认同探讨时，不应固着于社会制度对于流动儿童身份认同的束缚，更应着眼于在这样的社会背景下流动儿童生活方式、教育背景、价值观的变化，对其内心身份认同的影响，从而揭露流动儿童主体的心声。

从以上相关研究的回溯中我们得知：已有的针对流动儿童身份认同的研究多采用质性研究的方法，让我们对流动儿童的现状有了一定的认识与了解；然而，流动儿童是一个动态个体，除了质性研究外，还需结合相应的量化研究。现在常用的对流动儿童身份认同测量大多是简单的调查，在问题设置时或询问时多侧重对其身份认同的结果进行考察，而流动儿童自身在作答时也较易受到制度性身份的影响，因此回答问题时惯性地以制度性身份

❶ 王莹. 身份认同与身份建构研究评析[J]. 河南师范大学学报(哲学社会科学版)，2008，35(1)：50-53.
❷ 方文. 政治体中的信徒——公民困境：群体资格路径[J]. 北京大学学报(哲学社会科学版)，2009，46(4)：89-95.
❸ 熊易寒. 城市化的孩子：农民工子女的身份生产与政治社会化[M]. 上海：上海世纪出版社，2010.
❹ 石长慧. 我是谁?：流动少年的多元身份认同[J]. 青年研究，2010(1)：25-39，94.

的结果进行作答，然而却不能反映其内心真正的身份认同。

同时，借鉴国外的量表能反映身份认同的一些特征，但由于我国特殊的国情，我国流动儿童有着其自身的特点；因此运用国外的移民群体量表或是特殊群体身份认同量表对我国流动儿童身份认同的展开研究，能反映流动儿童身份认同的某些方面，但具有一定的局限性。且相关研究多是对于现象的描述，停留在最初现状的呈现，对于该群体当事人本身纠结的身份认同状态怎样缓解，还处于相对弱化阶段。

1.5 已有研究的不足

通过对以往流动儿童身份认同研究的回溯，笔者发现目该研究尚存以下不足：

（1）用单一、静止的视角对流动儿童身份认同进行解释。

身份认同是衡量流动儿童社会融合的重要指标，也是流动人口市民化的关键❶。在新型城镇化背景下，"以人为中心"的理念更强调外来人口对流入地的认同与归属，使得身份认同成为流动人口社会融合研究中最为关键的问题之一，引起了社会学、人口学、教育学、心理学等众多学科的关注。然而，尽管已有研究取得了一定成果，呈现了身份人认同诸多困惑和核心问题；却也存在测量指标不统一、重前因而轻后果、重经验而轻理论等问题，制约了该领域的进一步深化和拓展。同时，我国对于流动儿童身份认同研究起步较晚。过去的研究大多是从单一、静止的视角对流动儿童身份认同进行探讨。然而，回溯文献我们得知流动儿童身份认同是一个变化发展的过程，具有情境性、动态性和多维性。因此，拘泥于某一层面的对流动儿童"我是谁"的问题进行的解答，是不严谨的。

（2）缺乏有针对性的量化研究工具。

我国已有的有关流动儿童身份认同的研究多是借鉴国外的量表如：Phinney 的种族身份认同量表（MEIM），然而，国外的移民群体虽与我国流动儿童有一定的相似之处，但我国流动儿童有着特有社会的印记，并不能同日而语。

我国为数不多的针对流动儿童身份认同的测量工具多局限于简单的调查。侧重于对流动儿童身份认同结果的直接询问，把流动儿童视为一个被动的群体；这样的测量往往使得被试按照客观制度性身份进行作答，而忽略了对主观心理社会身份的考量。相关的实证研究一般只考虑身份认同某一方面，较少考虑流动儿童身份认同多重角色的测量。尤其是多

---

❶ 刘文博. 流动人口的身份认同：文献综述与研究展望[J]. 北京科技大学学报（社会科学版），2021，37（3）：209-306.

重身份认同之间如何互动、变化及个体如何调节，如何管理自己的多重身份，都鲜有实证研究。因此其不能真正地反映流动儿童身份认同的实际境况。同时，已有的有关流动儿童身份认同测量工具的信效度及灵敏性还有待提高。

（3）缺乏对流动儿童身份认同类型等的细致探讨。

目前已有的对流动儿童身份认同的划分多是基于理论层面进行的粗略划分。虽然在一定程度上对其身份认同现状有所认识，但其带有预设性，并不能切实反映流动儿童身份认同的实际情况。

（4）缺少相应的干预方案。

相关研究已经表明流动儿童存在着明显的身份认同问题，对于流动儿童大多采取宏观政策上的呼吁，但流动儿童当事者自身身份认同的心理干预仍需不断深化。在社会环境、教育和政策难以在短时间内改变的背景下，如何根据流动儿童心理发展的客观规律，进而开展切实可行的干预和教育路径，这是解决流动儿童心理问题最迫切的任务之一。而干预研究存在以下几个问题：①干预方案的数量较少；②干预措施很少有系统化和标准化的方案；③以偏概全，是多侧重于"矫正"思维惯性，对于流动儿童本身积极性品质探索较少。

因此，如果对流动儿童身份认同现状没有清晰、客观的认识，进而采取的干预措施极有可能是单一和分裂的。同时鲜少的干预研究中，政策层面干预研究居多，行动层面的干预较少；基于理论层面思考居多，而居于事实的实证系统研究较少，也未见基于问题解决的干预研究报告。流动儿童的数量仍在不断增加，流动儿童所存在的问题将继续存在并不断迭代，因此系统可操作的干预措施将是研究者迫切的方向所在。

因此，本研究以编制有针对性的流动儿童身份认同问卷为基点，分析流动儿童身份认同现状；再根据流动儿童身份认同现状特点制定相应的团体辅导方案；并对该群体的部分孩子实施干预帮助其走出身份认同困境。

1.6　本研究的目的、意义及创新性

1.6.1　研究目的

鉴于以往研究的不足，本研究的目的是：①编制流动儿童身份认同问卷，并对问卷的相关心理学指标进行检验。②流动儿童身份认同的现状研究。将流动儿童身份认同问卷和自编人口学变量问卷作为研究工具，分析流动儿童的身份认同现状，并探讨其身份认同的类型。③对流动儿童身份认同进行干预。根据研究现状及其对流动儿童身份认同影响因素的了解，有针对性地设计方案，对该群体的身份认同实施团体心理辅导。

1.6.2 研究意义

1.6.2.1 理论意义

(1)扩展了身份认同的相关研究。

查阅文献得知，国外对身份认同的研究相对成熟，已具备相对完善的理论模型，理论维度的研究多样；身份认同的机制研究深入，其影响因素的分析也极为细致。但我国对于身份认同的研究起步较晚，对身份认同的探讨深度虽有，但不够细化且没有形成体系；研究对象大多集中于老师、农民工等群体。在万方、CNKI和维普等数据库中，以"流动儿童"和"身份认同"为关键词检索文献发现，对流动儿童身份认同的研究屈指可数。因此，立足于我国特有社会文化，将研究对象锁定于流动儿童群体的身份认同，对于丰富流动儿童心理研究，扩展身份认同的研究领域有一定的理论意义，可为今后的相关研究提供一些参考和借鉴。

(2)有利于建立健全流动儿童身份认同的量化指标体系。

对于身份认同的测量，我国还处于起步阶段，以借鉴或修订国外相关量表为主。然而国外信效度较好且应用较为广泛的身份认同测量工具，大多是针对其某一特殊群体，与特定的社会背景相结合，有着自己的适用对象；然而国外的社会、文化、历史、价值观等方面与我国有着很大的差异，同时我国流动儿童有着其中国特色的社会印记，所以直接使用国外的量表是不合时宜的。因此，以我国特殊的社会文化背景为基点，并将研究对象聚焦于流动儿童，探讨流动儿童身份认同的结构，编制流动儿童身份认同的工具，有助于建立并完善流动儿童身份认同的量化评价指标，有利于扩展和深化身份认同的实证研究，为后续相关研究提供实证依据。

(3)流动儿童身份认同现状及干预的研究，为今后相关深入的研究和干预工作提供了参考和借鉴。

回顾文献得知流动儿童的身份认同会衍生一系列心理及行为问题，对流动儿童身份认同研究具有深远的社会变迁意义，直接影响未来社会生活的和谐与稳定。然而，我国为数不多流动儿童身份认同的研究多集中于身份认同与其他变量的相关研究，研究大多停留在表层的探讨，而深入和详尽的研究甚少，同时在现有的干预研究中，立足于政策的干预居多，行动层面的干预较少；基于理论层面的探讨多，而居于事实的实证研究少。因此，对流动儿童身份现状及干预研究，不仅有利于深化身份认同的相关研究，同时也为今后的干预实施提供了导向。

1.6.2.2 实践意义

(1)编制流动儿童身份认同问卷可为后续研究提供参考，为国家制定相关政策体系给予实证依据。

研究发现，流动儿童随父母在务工的城市辗转漂泊，认同的目标和现实之间存在矛盾，使得他们的认同徘徊于城市与农村之间，游离于城市与农村的社会体系之外，处于进退两难的尴尬境地，成为了真正无根而漂泊的一代，形成了"游民化"的身份认同。因此，有针对性对流动儿童身份认同问卷的开发和编制，可以更好地了解流动儿童身份认同的现状，探讨其影响的相关因素，从而行之有效地设计和制订干预方案。为国家、政府针对流动儿童制订相关发展政策提供现实依据。

(2)有助于协助政府对流动儿童身份认同问题的把握，提高政府针对流动儿童政策的科学性，进而促进流动儿童心理健康水平的发展。

结合我国特有的社会背景，针对流动儿童身份进行问卷的编制，分析其身份认同的特点和影响因素等。这有利于更好地把握流动儿童的心理状态。在流动儿童的数量与日俱增，成为了一个不容忽视群体的今天，只有把握流动儿童的心态才能在制定相关政策时更具人文关怀，更具针对性和适宜性。进而促进流动儿童心理健康水平的发展，长远则有利于社会的和谐与稳定。

(3)为流动儿童身份认同相关干预工作提供了理论依据和实践参考。

目前对于流动儿童身份认同的研究多处于描述阶段，鲜少的干预研究多基于政策话语的干预，干预措施的实施固着于单一、分裂的维度，具体性、可操作性、立体性的干预研究较少。因此，对流动儿童身份认同现状了解、特点的分析和干预的研究将有助于相关老师、心理工作者和社会工作者等较为全面地了解其身份认同状况和特征，对流动儿童的身份认同做出合理的预期、判断，一方面进行积极的疏导，另一方面有效的实施干预。同时还能为相关政策和措施的制订和执行提供参考。因此，对流动儿童身份认同的现状及干预的研究具有一定的实践意义。

1.6.3 研究创新

1.6.3.1 研究结果的创新

编制专门针对流动儿童，以我国特色社会主义为背景、符合心理测量学要求的本土化测量工具——"流动儿童身份认同问卷"，为后续相关研究工作提供参考和支持。考察流动儿童身份认同在人口学变量上的差异，同时对流动儿童身份认同现状及特点进行分析。对流动儿童身份认同在心理学等相关领域的理论创新和实践探索具有一定的参考价值。

1.6.3.2 研究内容的创新

目前有关流动儿童身份认同的研究相对较少，在已发表的文献中且多是从社会学、教育学、传媒学等学科领域进行探讨，带有浓厚的学科色彩。而从心理学领域对流动儿童身份认同进行深层次剖析的研究虽有，但多是与其他变量的相关研究，对身份认同的探讨不够深入，研究相对薄弱。与此同时，有关流动儿童身份认同心理干预的研究停留于政策的话语，且由于对于流动儿童身份认同局限性的影响，鲜少的干预研究多基于割裂、单一的维度。本研究在一定程度上丰富研究的部分空白，为日后流动儿童身份认同的进一步研究提供参考。

1.6.4 研究路径(图 1-14)

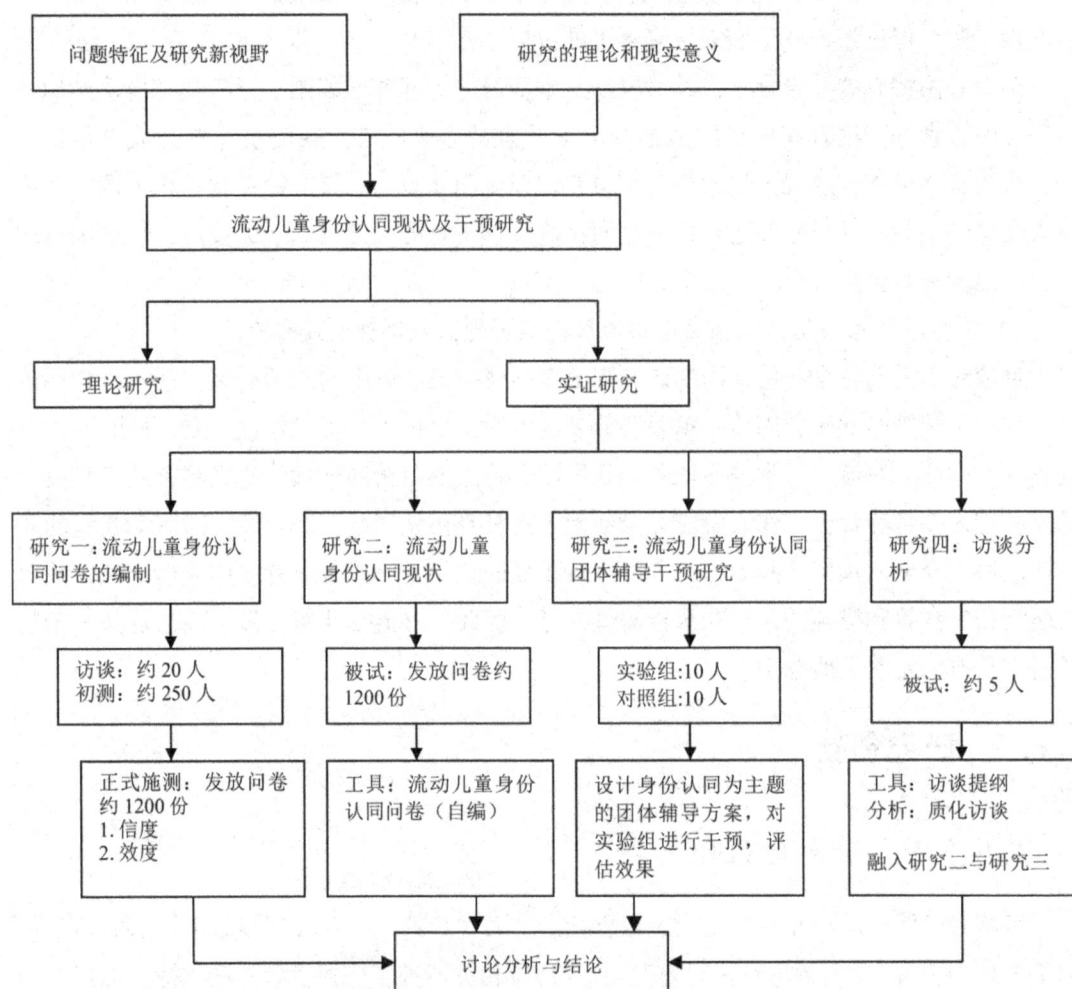

图 1-14 研究路径

2

流动儿童身份认同问卷的编制

2.1　研究目的

（1）探讨流动儿童身份认同的具体内在结构和特征；

（2）结合对流动儿童身份认同相关文献的分析和有效理论构想，编制《流动儿童身份认同问卷》；

（3）对流动儿童身份认同的内在结构进行探索性的分析和验证。

2.2　研究方法

2.2.1　问卷编制流程图

问卷编制流程图如图 2-1 所示。

文献的整理、分析和前期访谈
- 国外文献及量表分析
- 前期访谈：流动儿童及老师
- 对与流动儿童有关的政策解读

问卷的理论基础和结构的研究和界定

发展问卷条目
- 以往优秀量表的借鉴
- 开放式问卷
- 访谈录音
- 专家咨询
- 非专业人士对测试题目的语句理解

问卷编制流程

初测条目词义的修正

问卷初稿的形成，选择抽样对象

前测
- 题项修正
- 因素分析
  - 项目分析
  - 探索性因素分析
  - 验证性因素分析
- 借效度分析

正式量表形成，正式施测

正式施测结果分析

正式量表建构完成

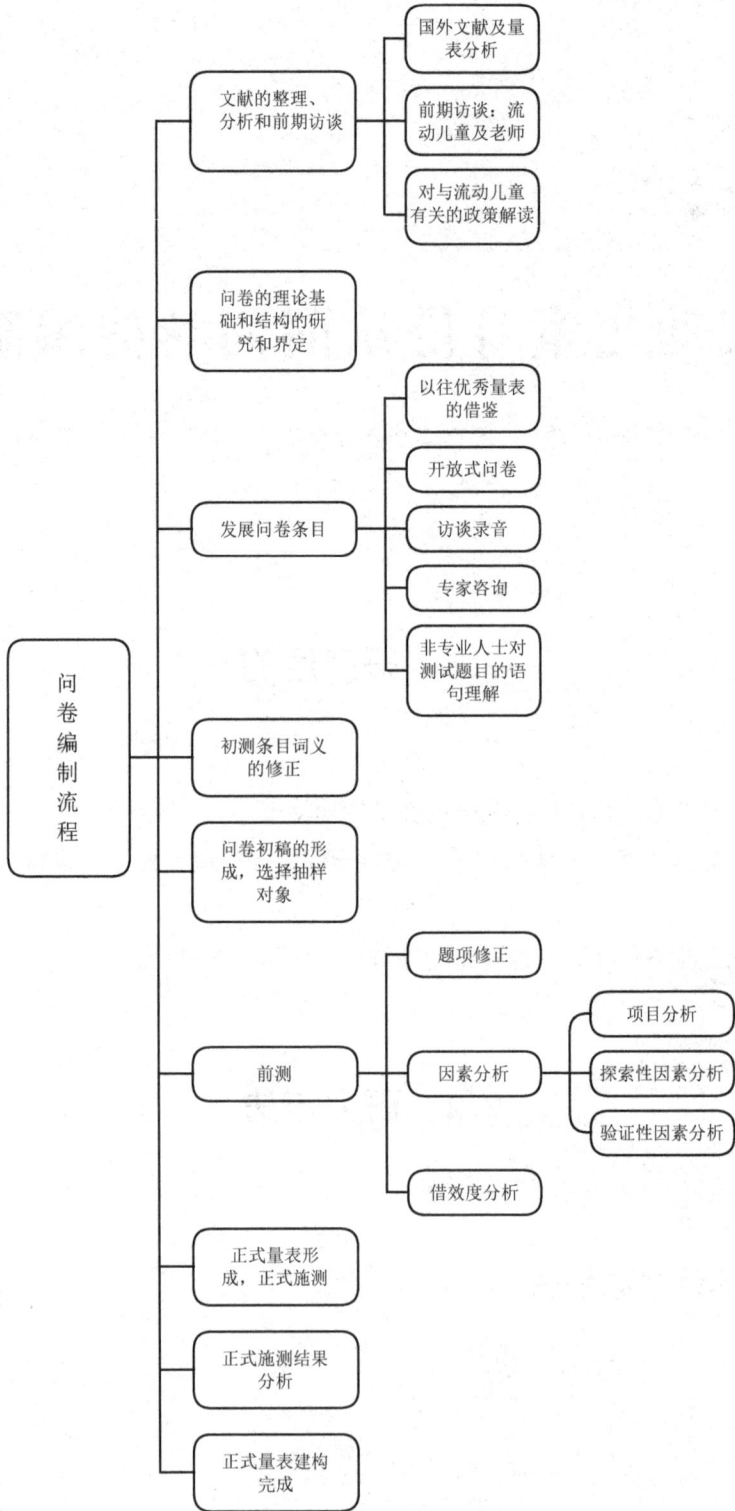

图 2-1 问卷编制流程图

2.2.2 问卷项目的编写

2.2.2.1 身份认同构成要素的初步构想

查阅相关文献得知：身份认同的起源与发展源远流长，心理学的身份认同更强调生理和心理层面上的一种整合的归属。从文献中，我们同时发现身份认同本身具有层次性：①身份认同的识别，是形成其认同的基础；②个体对自我归属于某一身份或群体的相应情感；③在识别和情感的基础上个体所形成的相应行为模式。因而假设身份认同量表由"身份识别、归属情感(身份认可与接纳)、行为倾向"三个部分组成。一方面回答了我是谁，所属于哪个群体；另一方面对身份认同的结构进行了呈现：认知、伴随的情感和与之对应的行为模式。

通过对文献的回顾与分析，综合相关学者的观点，本文把身份认同定义为：个体对自我身份的识别和所属群体的确认，同时在此过程中伴随的情感和行为进行心理整合的历程；因此把身份认同划分为：身份识别、情感归属和行为趋向三个维度(表2-1)。

表2-1 身份认同的理论构想

主 题	维 度	定 义
身份认同	身份识别	对自己所属群体的相同性和同其他群体的差异性的区别与了解
	归属情感	对所属群体的认可或接纳程度及相应所带来的情感体验
	行为趋向	在认定的归属群体的情感驱动下所付诸的具体行为

2.2.2.2 国内外流动儿童身份认同有关的测验和量表分析

回溯图1-11、图1-12得知，国外已有的身份认同量表大多是针对民族身份认同和移民群体的身份认同。而我国的身份认同问卷多是针对某一特定群体而编制的，Eg：教师身份认同、失地农民身份认同。目前，我国关于流动儿童身份认同的研究多是借鉴国外的身份认同量表。从上述文献回顾得知，流动儿童的身份认同不像民族身份那样具有不变性，也不像国外移民群体认同具有相对稳定性，它有着多元性和易变性。与此同时，流动儿童并不是制度的被动接受者，其本身具有能动性和建构性。这在某种程度上说明，流动儿童身份认同问题的研究对国外已有的民族认同和移民群体身份认同量表的借鉴是十分有限的。因此需要结合国外身份认同量表的特点，并根据我国流动儿童的具体境况进行身份认同量表的编制。

2.2.2.3 根据理论构想编制问卷

本文将流动儿童的身份认同定义为：个体对自我身份的认知和所属群体的确认，同时在此过程中伴随的情感和行为进行心理整合的历程。根据这一定义，围绕其理论构想的三个维度开始着手编制问卷的条目。

有着丰富经验的测验编制者在编制其条目时，往往会考虑以下几个方面的条目来源：①直接选用国内外已有的优秀相关测验；②修改前人测验中的有关题项；③自己编写❶。由于针对流动儿童身份认同的实证研究较少，缺乏相对应的测量工具，所以笔者结合Tajfel 和 Turner 等(2000)❷身份认同的理论模型，参考 Phinney❸(1999)等人的种族身份认同量表(MEIM)和 Cheek(1994)❹的身份认同问卷，根据流动儿童自身的特殊性，结合教育学、社会学等领域的相关研究，初步编制了 56 项条目；经过开放式问卷、质化访谈和专家判定，最终确定了 30 项条目，形成了预测问卷。

(1)通过开放式问卷和质性访谈完善身份认同的结构和问卷的条目。

为了完善身份认同的结构和问卷的条目，笔者在昆明市五华区桃源实验学校发放开放式问卷 70 份(最后回收有效问卷 62 份)，再抽取了 20 名流动儿童(小学 5 名，初一 5 名、初二 6 名和初三 4 名)进行访谈；最后采取内容分析法对开放式问卷和访谈录音进行整理和分析。结果发现，由于其年龄较小和自身的原因，绝大多数访谈对象表示存在对于身份归属的困惑，有着矛盾的身份归属现象。但很难对其做准确的概述，只能片面地对其中某一方面进行作答。通过文献回顾与分析得知，身份认同不是一个单维的，而是一个多元、复合的问题，因此要统合其对于身份的不同理解。

在访谈过程中，不少访谈对象对问卷的编制提供了十分宝贵的参考意见。访谈和开放式问卷调查后发现有的条目与流动儿童的自身体验经历相吻合，但有的条目则不适合。尽管在编制问卷条目之初考虑到要结合流动儿童的实际情况，然而通过访谈之后发现某些条目还是偏离了初衷，使其感到难以理解或不知如何应答。针对这样的情况，笔者首先向访谈对象解释其意思，接着征询其用他们的话应怎样表述。然后转换一种表达方式，询问其是否能够理解。这样使得问卷的条目通俗易懂。此外，开放式问卷和访谈还补充了一些笔者在最初忽略没有涉及的问题，经过整理和筛选，相应的补充了一些条目，使得问卷更为全面。

除了与流动儿童进行访谈外，笔者还对农民工子弟学校的 5 名班主任老师进行访谈。虽然他们不是笔者的研究对象，但这些在一线工作的老师往往对流动儿童更为了解，因此笔者认为他们十分有发言权。相对于流动儿童而言，农民子弟工学校的老师能更好地阐述

❶ 金瑜. 心理测量[M]. 上海：华东师范大学出版社，2001：323.

❷ TAJFEI H. Human groups and social categories[M]. Cambridge, England：Cambridge University Press, 1981.

❸ ADRIANA J, UMAA - TAYLOR, ALFARO E C, et al. The central role of familial ethnic socialization in Latino adolescents'cultural orientation[J]. Journal of Marriage and Family , 2009(71)：46-60.

❹ CHEEK J M, TROOP L R, CHEN L C, et al. Identity orientations：Personal, social and collective aspects of identity [R]. Paper presented at the 104 Annual Convention of the American Psychological Association, Los Angelse, California, 1994.

或补充流动儿童对于一些敏感问题的认识。通过与部分老师的访谈，笔者获得了一些很好的建议，从而进一步完善问卷。

（2）通过专家判定基本确立流动儿童身份认同的结构和问卷的条目。

通过开放式问卷和访谈，笔者对流动儿童身份认同问卷的条目进行了修改与补充，使其条目通俗易懂与全面。但由于笔者自身和访谈对象自身的限制，不能对问题给予完整的回答，问卷可能还存在一些问题。因此，在问卷的修改和完善的过程中，笔者请教与咨询相关领域的专家。大多数专家肯定了流动儿童身份认同的维度划分：身份识别、归属情感和行为倾向。专家认为，问卷现有的条目对于低年龄段的流动儿童显得过于抽象，不利于学生理解，考虑将其删除或再进行修改。此外，专家认为，题项太多，在调研中可能会遇到困难类于对年龄小的学生来说题数太多，而有的学生没耐性，因此建议适当删除一些题项。

（3）形成预测问卷。

经过开放式问卷、质化访谈和专家的判断，笔者对原有条目再次进行修改、补充、删除和整理，最终选取了30个具有代表性和普遍性的条目，形成了预测问卷。问卷的相关条目尽量结合流动儿童的生活与学习现状，运用流动儿童的表达方式，力争做到表述准确且无歧义，简洁明了，通俗易懂。问卷采用 Likert 5 点计分，从 1"完全不符合"到"完全符合"分别是 1~5 分，反向叙述题为反向计分。

2.2.3 被试

在五华区桃源实验学校(民办农民工子弟学校)抽取了 250 名流动儿童作为预测研究对象，利用自习时间统一发放，发放问卷 250 份，实际回收问卷 246 份，回收率为 98.4%。经筛选，实际有效问卷为 226 份，有效回收率为 91.2%，被试的人口统计学特征如表 2-2 所示。

表 2-2 抽取被试的人口统计学特征($n=226$)

变　量	类　别	人　数	所占比例(%)
性别	男	114	50.4
	女	112	49.6
年级	四年级	37	16.4
	五年级	34	15.0
	六年级	34	15.0
	初一	37	16.4
	初二	52	23.0
	初三	32	14.2

2.2.4 工具

研究编制的《流动儿童身份认同问卷(预测)》，共 30 个条目。笔者将问卷各条目进行了随机编排，以减少被试回答对题目进行倾向性作答。Phinney 的 MEIME 量表与之前的《流动儿童身份认同问卷(预测)》同时发放。

2.2.5 研究程序

本次施测，测试时间为 2014 年 9 月。施测之前与班主任老师进行沟通，由本人担任主试；对学生说明来意，并对指导语进行相应的解释，被试使用纸笔作答，当场对问卷进行回收。施测时告知被试匿名作答，保持教室安静，整个施测过程控制在 25 分钟内完成。在回收问卷前提醒被试检查是否有漏选或错选的现象。整个施测严格遵循心理测试的程序。

2.2.6 数据整理与统计分析

本研究所收集到的所有数据的整理、录入与统计分析均由研究者本人完成，且在统计前检查数据有无漏选、多选或规律作答，有无极端值或错误值，并相应将其剔除。最后，对所有数据采用 SPSS19.0 统计软件和 AMOS 18.0 统计软件对数据进行统计分析，统计内容主要有项目分析、因素分析和信效度检验等，并根据分析结果相应地调整项目和因素。

2.3 结果

2.3.1 问卷项目分析

2.3.1.1 题总相关

问卷在编制时有一些为反向表述的条目，因此，首先将反向叙述的相关条目进行转换，再计算出被试的各条目及总分的鉴别指数。根据心理测量的相关原理，如果某一条目的得分与总分的相关性较弱(Person 相关系数小于 0.3)，则表明该条目的区分度低，代表性不好，应予以删除。分析结果表明：第 3、12、15、16、23 题条目的得分与总分相关系数小于 0.3，表明其代表性不好，因此将该 5 个条目删除(见表 2-3)。

表2-3　初测问卷各条目与总分的相关系数($N=226$)

序号	条　目	题总相关系数
1	我与本地人相处融洽	0.407**
2	我更喜欢用普通话同别人交流,而不是老家的方言	0.307**
3	当有人在说外地人的好坏时,我觉得就像在说我自己一样	0.290**
4	我觉得我是这里的一员	0.386**
5	比起本地人,我更喜欢同和我一样的外地人交往	0.343**
6	老家的人更有人情味,而这里的人更冷漠	0.510**
7	我有时觉得本地人看不起我们外地人	0.495**
8	我不愿意让别人知道我是外地人	0.484**
9	我有时在想:为什么我是外地人,不是本地人	0.352**
10	我觉得这里的"家"只是一个临时的住所,没有"家"的感觉	0.429**
11	有时我为自己是一名外地人而苦恼	0.472**
12	这里虽然比老家繁荣,但我还是想要回老家	0.255**
13	在这儿生活久了,我觉得我就是这里的人	0.318**
14	我愿意与本地人的交朋友	0.402**
15	总的来说,我是外地人这一事实对我没有太大影响	0.295**
16	本地人可以通过我的说话和穿着知道我是一名外地人	0.286**
17	同别人交往时,我会顾虑自己是外地人这一事实	0.480**
18	我有时觉得自己在这里是多余的,不属丁这个地方	0.510**
19	我认识的当地人大部分都没有老家的人好	0.371**
20	比起本地人,同和我一样的外地人交往,我觉得更舒服自在	0.326**
21	如果可以的话,我更愿意回老家生活和学习	0.422**
22	我觉得本地人不好相处	0.486**
23	同老家的人相比,这里的大多数人更有文化和礼貌	0.277**
24	我很关心老家发生的事情,而对这里发生的事情漠不关心	0.411**
25	我尽可能多地了解本地文化,以便能更好地与本地人沟通与交流	0.312**
26	我觉得本地的人并不想与我们外地人交往	0.560**
27	我有时在想:假如我没来这里,没和这里的人打交道或许会更好	0.497**
28	我觉得我同这儿的本地人是一样的,没有区别	0.436**
29	在交朋友时,我觉得是本地人还是外地人并不重要	0.323**
30	我觉得本地人不太接纳我们外地人	0.653**

注:* $P<0.05$,** $P<0.01$,*** $P<0.001$,下同。

2.3.1.2　临界比率(CR值)

计算剩下的25个条目的"临界比率"(Critical Ratio,简称CR值)。首先计算出被试在这25个条目上的总分,然后按照总分的高低进行排序,总分的前27%为高分组,反之总分的后 27% 为低分组，再对高低二组进行独立样本 t 检验（226 * 0.27 ≈ 61，即高低各 61 个样本）。如果 CR 值达到了显著标准，则表明该条目能鉴别不同被试的反应程度，反之则应删除（详见表 2-4）。

表 2-4 初测问卷被试得分高低二组独立样本 t 检验结果（$N = 226$）

序号	条目	t	Sig. (2-tailed)
1	我与本地人相处融洽	6.304	0.000
2	我更喜欢用普通话同别人交流，而不是老家的方言	5.253	0.000
3	我觉得我是这里的一员	6.777	0.000
4	比起本地人，我更喜欢同和我一样的外地人交往	4.753	0.000
5	老家的人更有人情味，而这里的人更冷漠	7.022	0.000
6	我有时觉得本地人看不起我们外地人	8.151	0.000
7	我不愿意让别人知道我是外地人	6.840	0.000
8	我有时在想：为什么我是外地人，不是本地人	4.869	0.000
9	我觉得这里的"家"只是一个临时的住所，没有"家"的感觉	7.500	0.000
10	有时我为自己是一名外地人而苦恼	7.152	0.000
11	在这儿生活久了，我觉得我就是这里的人	3.385	0.001
12	我愿意与本地人的交朋友	6.097	0.000
13	同别人交往时，我会顾虑自己是外地人这一事实	7.749	0.000
14	我有时觉得自己在这里是多余的，不属于这个地方	9.246	0.000
15	我认识的当地人大部分都没有老家的人好	5.083	0.000
16	比起本地人，同和我一样的外地人交往，我觉得更舒服自在	4.052	0.000
17	如果可以的话，我更愿意回老家生活和学习	5.498	0.000
18	我觉得本地人不好相处	8.888	0.000
19	我很关心家乡发生的事情，而对这里发生的事情漠不关心	6.417	0.000
20	我尽可能多地了解本地文化，以便能更好地与本地人沟通与交流	4.915	0.000
21	我觉得本地的人并不想与我们外地人交往	9.768	0.000
22	我有时在想：假如我没来这里，没和这里的人打交道或许会更好	7.226	0.000
23	我觉得我同这儿的本地人是一样的，没有区别	5.697	0.000
24	在交朋友时，我觉得是本地人还是外地人并不重要	4.543	0.000
25	我觉得本地人不太接纳我们外地人	12.599	0.000

分析结果表明，剩余 25 个条目的 CR 值都达到了显著标准，因此不再删除任何条目，继续保留用于做进一步的分析。

2.3.2 问卷结构分析

初测中，将初测的样本随机分配为 A、B 两份：A 样本有 113 份，作为探索性因素分析；B 样本有 113 份，作为验证性因素分析。

2.3.2.1 探索性因素分析

1. 因素分析的必要性和适合性检验

研究选取 KMO 和 Bartle's 球形检验对取样充足度和因子模型是否适宜进行分析。计算的数据结果表明，KMO 值为 0.872，Bartle's 球形检验的近似卡方值为 $c^2 = 1228.295$，（$P < 0.001$），根据 Kaiser 的观点，KMO 的指标统计量在 0.8 以上，变量间关系良好❶。该检验表明条目具有共同因素存在，数据适合进行因素分析。

2. 条目筛选

此次因素分析采用主成分分析法（Principal Component Analsis）、最大方差正交旋转法（Varimax with Kaiser Normalization），抽取因素特征值大于 1，且根据以下标准确定因素条目的：①项目共同度>0.2；②项目负荷值>0.4；③每个因素至少有 3 个条目。

初测问卷经过项目分析后剩下 25 个条目进行探索性因素分析。依据上述标准，抽取 3 个因素较为适合。经主成分分析法和最大方差旋转法，逐步删除双负荷和多负荷的相关条目。每删除一个条目都要重新进行一次因素分析，最后保留 19 个条目。下表表明：抽取三个因素可解释总变异的 55.132%，其中因素 1 解释总变异的 22.493%，因素负荷介丁 .407~.602 之间；因素 2 解释总变异的 17.681%，因素负荷介于 .505~.661 之间；因素 3 解释总变异的 14.958%，因素负荷介于 .490~.674 之间。由此说明这 3 个因素具有较高解释力，因此抽取这三个因素作为流动儿童身份认同问卷的内部结构（表 2-5）。

表 2-5 流动儿童身份认同问卷探索性因素分析结果（$N = 113$）

序号	条 目	因 子			共同度
		1	2	3	
26	我觉得本地人不太接纳我们外地人	0.707			0.582
27	我觉得本地的人并不想与我们外地人交往	0.616			0.549
28	我有时在想：假如我没来这里，没和这里的人打交道或许会更好	0.563			0.485
29	我有时觉得自己在这里是多余的，不属于这个地方	0.559			0.430
30	老家的人更有人情味，而这里的人更冷漠	0.543			0.476
31	我觉得本地人不好相处	0.530			0.438
32	我不愿意让别人知道我是外地人	0.488			0.515
33	我觉得我同这儿的本地人是一样的，没有区别	0.443			0.601

---

❶ 吴明隆. 问卷统计分析实务—SPSS 操作与应用[M]. 重庆：重庆大学出版社，2010：194-211.

续表

序号	条 目	因 子			共同度
		1	2	3	
34	我很关心家乡发生的事情，而对这里发生的事情漠不关心	0.406			0.407
35	我有时在想：为什么我是外地人，不是本地人		-.640		0.602
36	有时我为自己是一名外地人而苦恼		-.560		0.661
37	我与本地人相处融洽		0.484		0.614
38	在这儿生活久了，我觉得我就是这里的人		0.478		0.505
39	我有时觉得本地人看不起我们外地人			-.616	0.674
40	我觉得这里的"家"只是一个临时的住所，没有"家"的感觉			0.575	0.519
41	在交朋友时，我觉得是本地人还是外地人并不重要			0.535	0.512
42	我愿意与本地人的交朋友			0.513	0.490
43	我尽可能多地了解本地文化，以便能更好地与本地人沟通与交流			0.466	0.670
44	如果可以的话，我更愿意回老家生活和学习			0.460	0.592
	特征值	4.274	3.316	2.484	
	因子方差贡献率(%)	22.493	17.681	14.958	
	累计方差贡献率(%)	22.493	40.174	55.132	

注：省略了共同度小于 0.3 和负荷值小于 0.4 的题。

2.3.2.2 验证性因素分析

鉴于探索性因素分析只考虑了数据间纯数字特征，并没有任何理论前提，因素的数量及因素间的关系均是未知，从而使得所有的因素负荷、因素相关、唯一性方差等均为待估参数。因此，问卷的结构尚需进行进一步的验证。

验证性因素分析(Confirmatory Factor Analysis)是依据一定的理论对潜在变量与观察变量而做出合理性的假设，并对这种假设进行检验的现代统计学方法[1]，其理论假设见图 2-2。

为了进一步验证通过探索性因素分析得到的身份认同三因素的有效性，笔者利用剩余的另一半数据(113 份)进行验证性因素分析(Confirmatory Factor Analysis)，以检验上述模型的拟合度。采用验证性因素分析中最常用的参数估计方法，即极大释然法，对流动儿童身份认同问卷的三因素进行参数估计，再通过拟合指数来检验模型估计协方差矩阵与样本方差矩阵的相似度。

根据国外同行标准，评价一个模型的合理性通常需要检查以下几个指标：①c^2/df。拟合指数中，c^2/df 是直接检验样本协方差矩阵和估计协方差矩阵之间的相似程度的统计值。

---

[1] 骆方，张厚粲. 使用验证性因素分析检验测验的多维性的实验研究[J]. 统计研究，2006(4)：6-79.

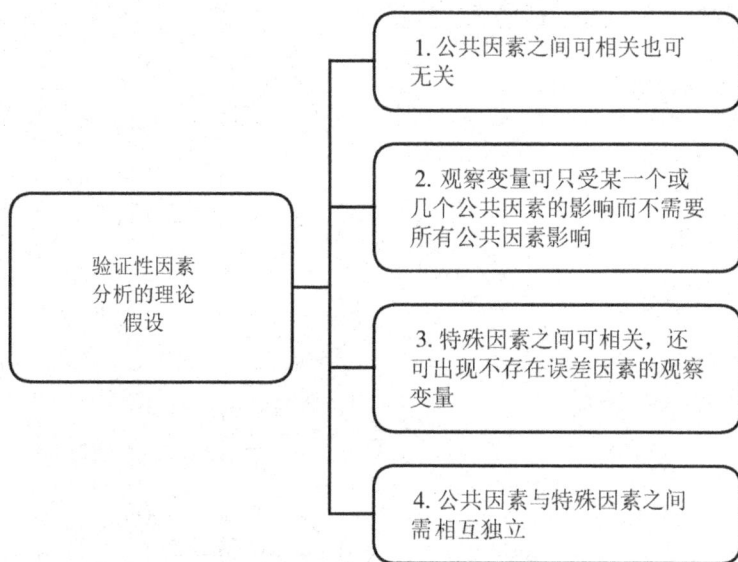

图 2-2　验证性因素分析的假设

$c^2/\mathrm{d}f$ 的理论期望值为 1，$c^2/\mathrm{d}f$ 越接近 1，表明样本协方差矩阵和估计协方差矩阵的相似度越大，模型的拟合度便越好。在实际研究中，$c^2/\mathrm{d}f$ 在 2.0~5.0 都是可以接受模型[1][2]。②适配度指数 GFI、$AGFI$、NFI、CFI、TLI 大多介于 0~1，越接近 1 表示模型适配度越佳。Andersonh 和 Cole 等（1987）认为，$GFI \geqslant 0.85$，$AGFI \geqslant 0.80$，也是可以接受的。③$RMSEA$。$RMSEA$ 作为评价模型拟合的指标，Steiger 等认为 $RMSEA \leqslant 0.1$ 表示好的拟合，$RMSEA \leqslant 0.05$ 表示非常好的拟合，$RMSEA \leqslant 0.01$ 表示非常出色的拟合[3]；我国学者侯杰泰等认为如果越接近 0 表示拟合愈好，$RMSEA \leqslant 0.05$ 表示模型拟合较好，$RMSEA \leqslant 0.08$ 表示比较合理[4]（表 2-6）。

表 2-6　验证性因素分析的主要拟合指数（$N = 113$）

拟合指标	χ^2	$\mathrm{d}f$	$\chi^2/\mathrm{d}f$	NFI	CFI	GFI	$AGFI$	$RMSEA$
数　值	251.689	149	1.689	0.893	0.906	0.885	0.887	0.072

通过验证性因素分析得知，本研究 $RMSEA = 0.072$，说明模型的拟合度合理。$NFI = 0.893$，$CFI = 906$，$GFI = 0.885$，$AGFI = 0.887$，NFI、GFI 和 $AGFI$ 略小于 0.9，CFI 在 0.9

[1]　侯杰泰，温忠麟，成娟子. 结构方程模型及其应用[M]. 北京：教育科学出版社，2004.
[2]　温忠麟，侯杰泰，马什赫伯特. 结构方程模型检验：拟合指数与卡方准则[J]. 心理学报，2004，36（2）：186-194.
[3]　STEIGER J H. Structure model evaliation and modification：An intervial estimation approach [J]. Multivariate Behavioral Research，1990（25）：173-180.
[4]　侯杰泰，温忠麟，成娟子. 结构方程模型及其应用[M]. 北京：教育科学出版社，2004.

以上，说明该模型经过路径修正后是可以接受的。

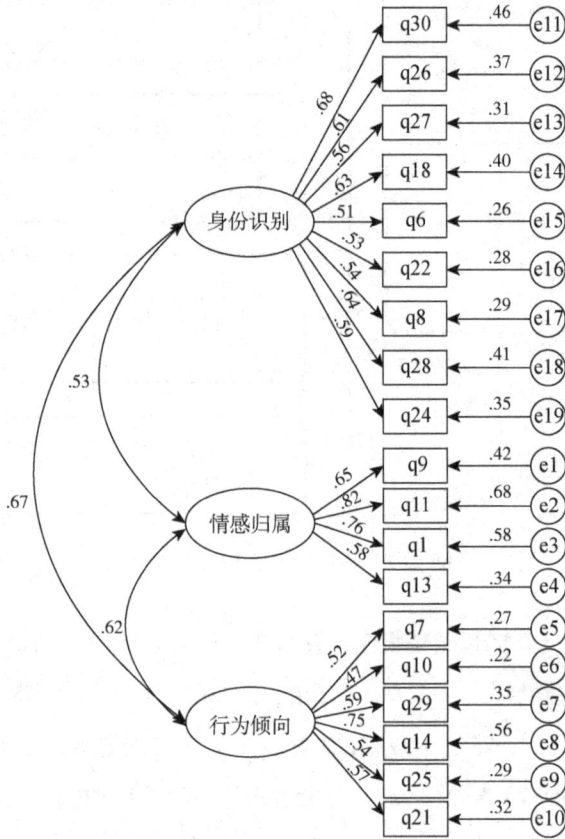

图2-3 验证性因素分析拟合路径图

2.3.2.3 因素命名

经过上述对流动儿童身份认同问卷进行探索性和验证性因素分析，最终获得了身份认同三因素结构模型。因素分析的结果显示，抽取三因素时，其解释总变异为55.132%，说明该三个因素具有较高的解释力。其中，因素一共包含9个条目(6、8、18、22、24、26、27、28、30)，主要涉及其流动儿童对于是本地人还是外地人的认识，因此将其命名为"身份识别"；因素二包含了4个条目(1、9、11、13)，其主要是对于是本地人还是外地人认识后的情感反应，由此将其命名为"情感归属"；因素三包括6个条目(7、10、14、21、25、29)，主要涉及在某种情感支配下的行为方式，因此将其命名为"行为倾向"。

2.3.3　问卷信效度分析

2.3.3.1　信度分析

本研究采用 Cronbach α 系数对流动儿童身份认同问卷的内部一致性进行检验。表2-7的结果表明，流动儿童身份问卷的各因素内部一致性信度介于0.779~0.855之间，总体问卷的内部一致性信度为0.824，其各因素的分半信度介于0.721~0.834之间，总体问卷的分半信度为0.803，符合心理测量学的相关要求，"归属情感"这一维度的内部一致性和分半信度相对较低，但达到了心理测量学的要求。这与该维度所包含的条目较少有一定关系。因为 Cronbach α 和分半信度易受条目数量的影响，条目越多，其值就会越高，条目越少，其值就会越低。

表2-7　流动儿童身份认同问卷信度分析

一	因子			身份认同总分
	身份识别	归属情感	行为倾向	
内部一致性信度	0.855	0.779	0.827	0.824
分半信度	0.834	0.721	0.732	0.803

2.3.3.2　效度分析

1. 内容效度

内容效度(Content Valitity)是指实际测验在多大程度上得到所想要测量的内容。通常确定内容效度的方法是根据理论的假设和前期访谈的内容确定条目，然后由专家根据测验内容和假设的内容范围做系统的比较判断。若专家认为其条目能较好代表所测验的内容，则表明其内容效度好。

该问卷的编制结合了自上而下和自下而上的思路。自上而下指参阅国外大量的相关理论，建构理论构想，确定其三个维度；而自下而上指对流动儿童前期开放式问卷的调查，并对流动儿童和农民工子弟学校的班主任老师进行访谈；整合这两种思路，经过前期的开放式问卷和访谈录音的编码与整理，与同门经过多次讨论，由此确定问卷的统一指导语和具体条目；然后对条目的用词和具体内容等进行修正，再向专家征询意见，根据专家的建议进行修改，最终形成问卷的初稿。从上得知，该问卷的编制严格按照该群体身份认同的心理组成成分进而确定维度与具体内容，这在一定程度上保证了该问卷的内容效度。

2. 结构效度

结构效度(Construct Validity)指测验在多大程度上测到符合理论的结构和特质。前述流动儿童身份认同量表的验证性因素分析结果(详见图2-2)就是一种检验其结构效度的方式。与此同时，本研究还采用各维度与总问卷之间的相关系数为指标，考察问卷的内部一致性。从表2-8可以得知，流动儿童身份认同问卷的三个维度间的相关系数均达到了显著性水平($p<0.01$)，且问卷各维度间具有中等水平相关($0.397\sim0.574$)，表明各维度方向一致，但却有所差异，不可相互替代；各维度与总分也存在非常显著的相关($p<0.01$)，且总分与各维度之间的相关高于各维度之间的相关($0.680\sim0.853$)，说明各维度对总问卷均有贡献，各维度与总体概念一致，且各维度之间具有较好的区分度。整合上述的验证性因素分析结果，在一定程度上说明流动儿童身份认同问卷具有较好的结构效度。

表2-8　流动儿童身份认同量表各因素与总问卷之间的相关($N=226$)

—	身份识别	归属情感	行为倾向	身份认同总分
身份识别	1			
归属情感	0.397**	1		
行为倾向	0.574**	0.513**	1	
身份认同总分	0.853**	0.680**	0.808**	1

注：* $p<0.05$，** $p<0.01$，*** $p<0.001$。

3. 效标效度

效标效度指测验对于特定情境中对个体行为进行评估的有效性，它是衡量其测验是否有效的外在标准，它既可是客观测量也可是主观判断。本研究，笔者选用Phinney等人(1999)编制的身份认同量表(MEIM)作为效标。用Phinney的MEIM量表总分和流动儿童身份认同各维度及总分做相关研究，结果如表2-9显示，MEIM量表的总分与流动儿童身份认同各维度均显著相关，其相关系数介于$0.427-0.536$之间($P<0.01$)，MEIM的总分与流动儿童身份认同问卷总分的相关达到0.479($P<0.01$)，由此表明该问卷具有较为合理的效标效度。

表2-9　流动儿童身份认同预测量表与MEIM量表得分的相关系数(r)

—	身份识别	归属情感	行为倾向	身份认同总分
MEIM总分	0.427**	0.536**	0.513**	0.479**

注：* $p<0.05$，** $p<0.01$，*** $p<0.001$。

2.4 讨论

2.4.1 流动儿童身份认同的含义

本研究在查阅有关身份认同文献的基础上，对流动儿童身份认同进行界定，本研究中的流动儿童身份认同是指流动儿童在城市对自我身份的认知和所属群体的确认，同时在此过程中伴随的情感和行为进行心理整合的历程。

2.4.2 流动儿童身份认同的结构特征

本研究首先查阅了大量的相关文献，参考了前人编制的有关量表，结合开放式问卷和访谈的结果，参照 Tajfel 和 Turner 的理论思路，自编了流动儿童身份认同问卷，其主要包括身份识别、归属情感和行为倾向三个维度。

研究一以 226 名流动儿童作为被试，通过对自编流动儿童身份认同问卷的 30 个条目的项目分析、探索性因素分析、验证性因素分析、信度分析和效度分析，最后获得 19 个有效条目。由这些条目组成了流动儿童身份认同问卷，问卷由三个因素组成：身份识别、归属情感和行为倾向。根据该问卷模型的方差贡献率得知：身份识别是构成流动儿童身份认同的最主要因素之一，它解释总变异的 22.493%；其次是归属情感因子，它解释了总变异的 17.681%；最后是行为倾向，它解释了总变异的 14.958%。

其中身份识别是指个体对所属群体的共同性和其他群体差异性的察觉与了解，由 9 个条目组成；归属情感是指对所属群体的认可与接纳程度，及所带来的情感体验，由 4 个条目构成；而行为倾向是指在认定归属群体的情感驱动下所付诸的行为，由 6 个条目组成。流动儿童身份认同问卷经过项目分析、探索性因素与验证性因素分析、信效度检验的结果表明：该问卷达到了心理测量的相关要求，这些指标表明，可以将该问卷作为测量工具，开展相关研究。

2.5 小结

流动儿童身份认同问卷由身份识别、归属情感和行为倾向三个因子构成，共 19 个条目，采用 Likert 5 点计分。通过项目分析、因素分析和信效度分析等，相关数据指标符合统计学标准，说明该问卷具有较高的区分度和内部一致性信度，其结构效度和效标效度理想。

▶3

流动儿童身份认同现状研究

3.1 研究目的

(1)了解当前流动儿童身份认同的现状。

(2)探讨流动儿童身份及其维度在人口统计学变量上的差异。

3.2 方法与程序

3.2.1 研究对象

由于调查条件的限制,因此展开大规模的调查研究不太现实。本研究采取方便取样的方式,分别在五华区桃源实验学校、昆明立人学校、昆明德馨学校、大理英才学校、大理昆华学校、大理天骄学校和大理下关学校(均为民办的农民子弟工学校)共发放1200份问卷,回收问卷为1186份。剔除漏选、多选及乱答的问卷37份后共有有效问卷1149份,有效率为95.75%。由于本次调查是以班级为单位进行的团体施测,调查者在宣读指导语时强调拥有本地户口的同学在来源地一栏填2。问卷回收后剔除本地儿童的被试问卷69份,则最后可用于统计分析的问卷共1080份。被试的主要特征如表3-1所示。

表 3-1　被试人口统计学资料($N=1080$)

变量		人数	比例(%)	变量		人数	比例(%)
省份	本省	624	57.8	父亲职业	服务员	26	2.4
	外省	456	42.2		个体商贩	248	23.0
城市	昆明	771	65.8		建筑工人	294	27.2
	大理	369	34.2		工厂工人	171	15.8
学校	桃源实验学校	364	33.7		其他	341	31.5
	昆明立人学校	194	18.0	母亲职业	服务员	102	9.4
	昆明德馨学校	152	14.1		个体商贩	248	23.0
	大理英才学校	97	9.0		建筑工人	129	11.9
	大理下关一小	87	8.1		工厂工人	124	11.5
	大理昆华学校	74	6.9		其他	477	44.1
	大理天骄学校	112	10.4	经济状况	非常好	70	6.5
性别	男	550	50.9		比较好	153	14.2
	女	530	49.1		一般	754	69.8
年级	四年级	197	18.2		不好	81	7.5
	五年级	300	27.8		很不好	22	2.0
	六年级	275	25.5	居住周围	当地人较多	331	30.6
	初一	144	13.3		外地人较多	359	33.2
	初二	114	10.6		当地人和外地人差不多	390	36.1
	初三	50	4.6	住房	自己租赁	896	83.0
是否班委	是	289	26.8		自己家买	120	11.1
	否	791	73.2		朋友或亲戚	18	1.7
出生地	现居住地	209	19.4		父母单位提供	46	4.3
	老家	652	60.4	学习成绩	上等	80	7.4
	其他地方	219	20.3		中等	786	72.8
现居地	城市	676	62.6		下等	214	19.8
	城郊结合部	404	37.4	周围人的关系	非常不好	43	4.0
认为自己是哪儿的人	农村	635	58.8		一般	793	73.4
	城市人	146	13.5		非常好	244	22.6
	不清楚	188	17.4	喜欢在哪儿读书	城市当地的学校	411	38.1
	不是城市人，也不是农村人	111	10.3		老家	289	26.8
到城市的时间	1年以内	148	13.7		无所谓	380	35.2
	1~3年	187	17.3	是否喜欢城市	喜欢	295	27.3
	3年以上	489	45.3		一般	597	55.3

续表

变量		人数	比例(%)	变量		人数	比例(%)
到城市的时间	3年以上	489	45.3	是否喜欢城市	一般	597	55.3
					不清楚	68	6.3
和谁一起生活	只有父亲	52	4.8	母亲文化程度	小学及以下	527	48.8
	只有母亲	73	6.8		初中	402	37.2
	父母	870	80.6		高中	124	11.5
	其他	85	7.9		大专及以上	27	2.5
多长时间回老家一次	平均半年一次	208	19.3	父亲文化程度	小学及以下	372	34.5
	每年过年	408	37.8		初中	486	45.0
	偶尔回家一次	382	35.4		高中	184	17.0
	一直没回老家	82	7.6		大专及以上	38	3.5

3.2.2　研究工具

3.2.2.1　自编流动儿童基本情况调查问卷

通过前期文献的检索和质化访谈，确定了可能对流动儿童身份认同造成影响的变量，因此自编了《流动儿童身份认同信息调查问卷》。主要涉及：性别、年级、是否班委、出生地、现居地、离开家乡的时间、和谁居住在一起、多长时间回家一次、父母亲的文化程度、父母亲的职业、家庭经济状况、现居住地状况、住房、学习成绩、与周围人的关系、喜欢在哪儿读书及是否喜欢所在城市等变量。

3.2.2.2　自编流动儿童身份认同问卷

采用自编的流动儿童身份认同问卷，问卷包括身份识别、情感归属和行为倾向三个维度，共19个条目。问卷采用 Likert 5 点计分，"1"表"完全不符合""5"表"完全符合"，其总分越高，表示其身份认同状况越好。

3.2.2.3　社会支持评定量表

社会支持评定量表（Social Support Rating Scale，SSRS）是由肖水源于1992年编制而成。共包含10个条目，由客观支持、主观支持和支持利用度三个维度及社会支持总分共4个指标进行评定。该量表被应用于国内近30项研究，且被译为日语等应用于国际研究，具有较好的信效度。

3.2.2.4 Rosenberg 自尊量表

自尊量表(Self-Esteem Scale，SES)是由 Rosenberg 在 1965 年编制，该量表由 10 个条目组成，采用"很不符合"到"非常符合"4 级评分，分别记为"1""2""3""4"分。分数越高表明其自尊水平越高，总分范围在 10~40。

3.2.3 研究程序

研究者于 2014 年 10 月分别到上述大理和昆明的七所农民工子弟学校进行施测。由于人力、物力的限制，主试由本人及经过培训的同学和班主任老师担任，将以上问卷同时发放。在测试前对主试进行简单培训，施测时给被试解释问卷的指导语及相关注意事项。在回收问卷之前提醒被试检查问卷填写有无漏选或错选的现象。

回收的问卷遵循以下原则进行甄别：①问卷的所有条目须全部作答；②问卷相关的题目无漏选或多选现象；③剔除所有选择相同选项或有规律进行作答的问卷。

3.2.4 数据的整理与统计分析

回收的所有数据均有研究者本人进行整理、录入和统计分析完成，且在统计前对输入数据进行核对。先用 Epidata 软件建立相关数据库，对回收的有效问卷进行录入。最后对所有数据采用 SPSS19.0 进行描述统计、t 检验和方差分析等。

3.3 研究结果

3.3.1 流动儿童身份认同的总体状况

表 3-2 显示，流动儿童身份认同总体处于中等略偏上的水平，总分均值为 3.308，略高于理论中值 3。其中，情感归属最高，身份识别最低；从标准差来看，离散程度均较低，说明流动儿童在这三个维度的水平较为一致，差异性较低。以理论中值 3 进行单样本 t 检验，发现三个维度及身份认同总分均达到显著差异水平($p<0.001$)。

表3-2　流动儿童身份认同的描述性统计及单样本 t 检验（ $N=1080$ ）

一	身份识别	情感归属	行为倾向	身份认同总分
M	3.265	3.387	3.322	3.308
SD	0.73	0.64	0.68	0.59
单样本 t 值	20.913***	29.751***	24.887***	28.105***

注：*$p<0.05$，**$p<0.01$，***$p<0.001$。

图3-1表明，流动儿童身份认同总体处于中等略偏上的水平，情感归属得分最高，均分达3.387；行为倾向次之，均分为3.332；而身份识别则最低，均分值为3.265；而身份认同总均分为3.308，达中等略高的水平。

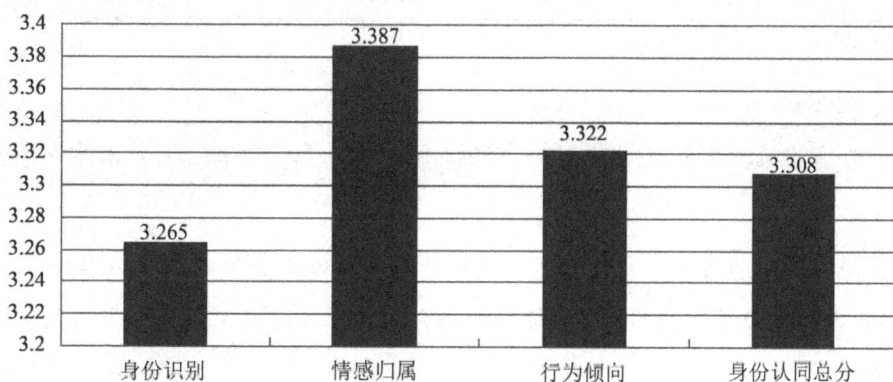

图3-1　流动儿童身份认同各维度均分

3.3.2　流动儿童身份认同在不同人口学变量上的差异比较

3.3.2.1　不同人口学变量在身份认同测量数据上的 t 检验结果

不同人口学变量在身份认同测量数据上的 t 检验结果如表3-3所示。

表3-3　不同人口学变量在身份认同测量数据上的 t 检验结果（ $M\pm SD$ ）

一	一	身份识别	情感归属	行为倾向	身份认同总分
省份	本省（$N=624$）	3.240±0.723	3.344±0.640	3.289±0.687	3.277±0.588
	外省（$N=456$）	3.299±0.739	3.345±0.6549	3.367±0.690	3.351±0.601
	t	−1.303	−2.530	−1.830	−2.009
城市	昆明（$N=711$）	3.286±0.755	3.469±0.643	3.459±0.691	3.459±0.601
	大理（$N=369$）	3.030±0.618	3.228±0.629	3.058±0.605	3.058±0.510
	t	7.803***	5.890	9.423**	9.429***

续表

—	—	身份识别	情感归属	行为倾向	身份认同总分
性别	男($N=550$)	3.336±0.702	3.473±0.673	3.357±0.680	3.372±0.588
	女($N=530$)	3.295±0.751	3.304±0.612	3.288±0.697	3.247±0.595
	t	3.181	4.317*	1.646	3.445
独生子女	是($N=134$)	3.319±0.752	3.237±0.682	3.340±0.726	3.251±0.617
	否($N=946$)	3.257±0.731	3.385±0.641	3.209±0.678	3.200±0.595
	t	1.068	1.013	0.568	1.058
班委	是($N=179$)	3.357±0.755	3.485±0.672	3.389±0.700	3.394±0.626
	否($N=901$)	3.231±0.719	3.350±0.636	3.297±0.684	3.277±0.580
	t	2.506	3.043	1.949	2.872*

注：*$p<0.05$，**$p<0.01$，***$p<0.001$。

表3-3显示：

省份：外省的流动儿童在身份认同各维度及总分要略高于本省，但并未达到显著性差异（$p>0.05$）；

城市：昆明的流动儿童在身份识别、行为倾向及总分上要显著高于大理的流动儿童（$p<0.05$），在昆明流动儿童的情感归属得分高于大理的流动儿童，但并未达到显著性差异（$p>0.05$）；

性别：流动儿童的女生在归属情感的维度上显著高于流动儿童男生（$p<0.05$），除此之外，流动儿童的女生在身份识别、行为倾向及总分虽都高于男生，但未达到显著性水平（$p>0.05$）；

独生子女：是独生子女的流动儿童在身份认同各维度及总分都高于非独生子女，但并未达到显著性差异（$p>0.05$）；

班委：是班委的流动儿童在身份认同各维度及总分都略高于非班委的流动儿童，但并未达到显著性差异（$p>0.05$）；

3.3.2.2 不同人口学变量在身份认同测量数据上的 F 检验结果

表3-4是流动儿童身份认同的年级差异 F 检验结果，由此看出，年级变量在身份识别、情感归属及身份认同总分均没有显著差异（$p>0.05$），而在行为倾向上存在显著差异（$p<0.01$）。经事后检验：在行为倾向维度上，四年级的平均分显著高于初一和初三年级的流动儿童。

表3-4 流动儿童身份认同在年级上的 F 检验结果（M±SD）

一	四年级	五年级	六年级	初一	初二	初三	F	Post-hoc
身份识别	3.264±0.740	3.246±0.798	3.307±0.730	3.201±0.643	3.329±0.703	3.284±0.604	0.739	
归属情感	3.382±0.640	3.302±0.712	3.395±0.615	3.390±0.605	3.374±0.620	3.185±0.653	0.301	
行为倾向	3.409±0.677	3.403±0.792	3.298±0.685	3.181±0.564	3.257±0.561	3.173±0.561	3.425**	①>④，①>⑥
身份认同总分	3.334±0.577	3.329±0.671	3.323±0.596	3.234±0.500	3.316±0.551	3.202±0.497	0.947	

注：* $p<0.05$，** $p<0.01$，*** $p<0.001$；①四年级，②五年级，③六年级，④初一，⑤初二，⑥初三。

流动儿童身份认同各维度均分及总分均分在其就读年级上的发展趋势，具体可见图3-2：除了归属情感呈现缓慢下降的趋势外，其他身份认同各维度及总分均呈"M"型的变化趋势，其中，就读年级"初三"表现为最低点，因此，该年级段的流动儿童身份认同状况应该给予更多的关注。

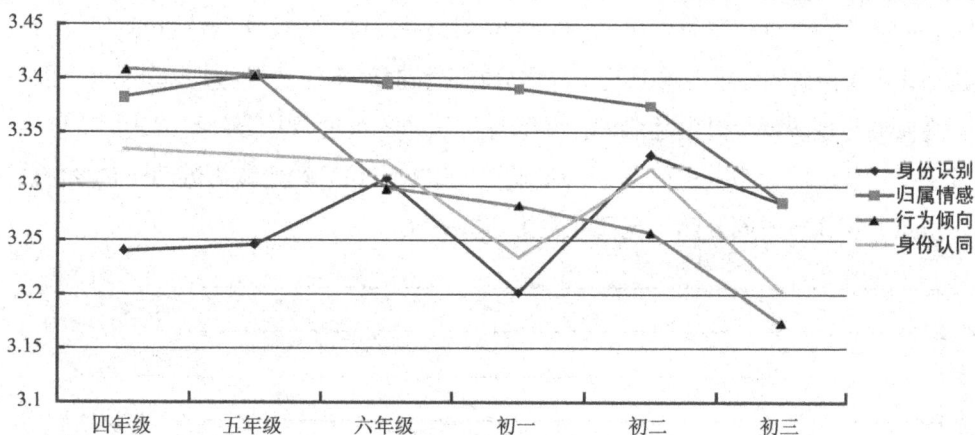

图3-2 流动儿童身份认同在年级上的发展变化趋势

表3-5是流动儿童身份认同的出生地差异 F 检验结果，由此得知，出生地变量在流动儿童身份认同各维度及总分均没有显著差异（$p > 0.05$）。

表3-5 流动儿童身份认同在出生地上的 F 检验结果（M±SD）

一	现居住地	老家	父母打工的其他城市	F	Post-hoc
身份识别	3.319±0.752	3.257±0.731	3.235±0.707	0.800	
归属情感	3.437±0.682	3.385±0.641	3.344±0.635	1.108	
行为倾向	3.340±0.726	3.309±0.678	3.343±0.687	0.289	
身份认同总分	3.351±0.617	3.200±0.595	3.292±0.572	0.672	

表3-6显示，流动儿童进城时间的长短在身份认同各维度及总分均存在显著性的统计学差异，经事后检验发现：①身份识别：一直生活在此城市的流动儿童的平均分显著高于在城市生活1~3年的流动儿童($p < 0.05$)；②归属情感：一直生活在这儿的流动儿童平均分显著高于在城市生活1~3年和3年以上的流动儿童($p < 0.01$)；③行为倾向：一直生活在此城市的流动儿童平均分显著高于生活1年以内和1~3年的流动儿童($p < 0.05$)；④身份认同总分：一直生活在此城市的流动儿童在该维度的平均分显著高于生活时间在1年以内和1~3年的流动儿童($p < 0.01$)。

表3-6 流动儿童身份认同在进城时间上的 F 检验结果($M \pm SD$)

—	1年以内	1~3年	3年以上	一直生活在此	F	Post-hoc
身份识别	3.183±0.709	3.166±0.720	3.295±0.731	3.326±0.743	2.642*	④>②
归属情感	3.384±0.656	3.265±0.692	3.376±0.623	3.497±0.642	4.756**	④>③, ④>②
行为倾向	3.214±0.697	3.235±0.666	3.347±0.678	3.299±0.712	3.504*	④>①, ④>②
身份认同总分	3.235±0.573	3.209±0.583	3.328±0.593	3.385±0.606	4.140**	④>①, ④>②

注：* $p<0.05$，** $p<0.01$，*** $p<0.001$；①一年以内，②1-3年，③3年以上，④一直生活在这儿。

流动儿童身份认同各维度均分及总分均分在进城时间上的发展趋势，具体可见图3-3。除了行为倾向呈现缓慢上升的趋势外，其他身份认同各维度及总分均呈现为"U"型发展趋势，其中，居住时间为"1~3年"表现为最低点，因此，该阶段应该为流动儿童身份认同发展的转折点，需在该时间段给予流动儿童更多的关注。

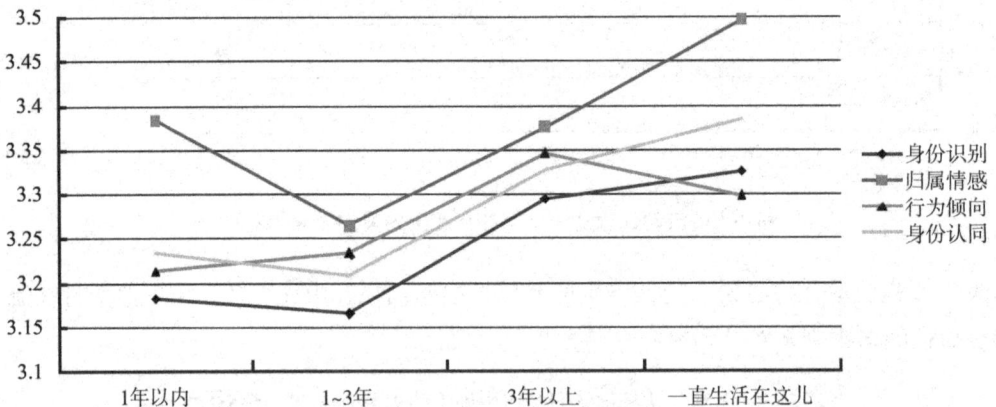

图3-3 流动儿童身份认同在进城时间上的发展变化趋势

表3-7显示，流动儿童回家的频率在身份认同的行为倾向维度存在显著性的统计学差异，经事后检验发现：在身份认同的行为倾向维度上，只有过年才回老家一次的流动儿童平均分显著高于平均半年回去一次和偶尔回去一次的流动儿童($p < 0.05$)。

表3-7 流动儿童身份认同在回老家频率上的 F 检验结果（M±SD）

一	平均半年一次	过年时回一次	偶尔回一次	一直没回老家	F	Post-hoc
身份识别	3.250±0.764	3.276±0.757	3.253±0.695	3.298±0.680	0.146	
归属情感	3.336±0.660	3.432±0.655	3.373±0.627	3.351±0.674	1.226	
行为倾向	3.265±0.756	3.393±0.676	3.270±0.672	3.352±0.633	2.697*	②>①，②>③
身份认同总分	3.273±0.634	3.346±0.605	3.284±0.568	3.326±0.561	1.021	

注：*p<0.05，**p<0.01，***p<0.001；①平均半年一次，②过年时回家一次，③偶尔回家一次，④一直没回老家。

表3-8 显示，流动儿童的父亲文化程度在身份认同的身份识别、行为倾向及身份认同总分上均存在显著性差异，经事后检验发现：①身份识别：父亲的文化程度在大专及以上的流动儿童在该维度得分显著高于父亲的文化程度在小学和初中的流动儿童（p < 0.05）；②行为倾向：父亲的文化在大专及以上的流动儿童在该维度的得分显著高于其父亲的文化程度是小学和初中的流动儿童（p < 0.05）；③身份认同总分：父亲的文化在大专及以上的流动儿童身份认同总分显著高于其父亲的文化程度是小学和初中的流动儿童（p < 0.01）。

表3-8 流动儿童身份认同在父亲文化程度上的 F 检验结果（M±SD）

一	小学及以下	初中	高中（含中专、职业学校等）	大专及以上	F	Post-hoc
身份识别	3.197±0.719	3.232±0.770	3.211±0.716	3.490±0.736	3.062*	④>①，④>②
归属情感	3.318±0.647	3.377±0.671	3.436±0.634	3.464±0.673	2.533	
行为倾向	3.254±0.702	3.325±0.696	3.353±0.666	3.571±0.756	3.223*	④>①，④>②
身份认同总分	3.240±0.579	3.292±0.625	3.351±0.583	3.510±0.669	3.979**	④>①，④>②

注：*p<0.05，**p<0.01，***p<0.001；①小学及以下，②初中，③高中（含中专、职业学校等），④大专及以上。

表3-9 显示，流动儿童的母亲文化程度在身份认同的各维度及总分均未存在显著性差异（p>0.05）。

表3-9 流动儿童身份认同在母亲文化程度上的 F 检验结果（M±SD）

一	小学及以下	初中	高中（含中专、职业学校等）	大专及以上	F	Post-hoc
身份识别	3.241±0.699	3.295±0.731	3.256±0.837	3.314±0.818	0.472	
归属情感	3.361±0.645	3.434±0.636	3.346±0.698	3.355±0.629	1.185	
行为倾向	3.288±0.691	3.324±0.674	3.419±0.725	3.503±0.679	1.878	
身份认同总分	3.281±0.571	3.334±0.596	3.327±0.671	3.382±0.660	0.798	

注：*p<0.05，**p<0.01，***p<0.001；①小学及以下，②初中，③高中（含中专、职业学校等），④大专及以上。

表3-10 显示，流动儿童的家庭经济状况在身份认同的各维度及总分均存在统计性的显著性差异，经事后检验发现：①身份识别：家庭经济状况比较好的流动儿童其平均分显

著高于家庭经济状况不好和很不好的流动儿童（$p < 0.01$）；②情感归属：家庭经济状况比较好的流动儿童其平均分显著高于家庭经济状况不好的流动儿童（$p < 0.05$）；③行为倾向：家庭经济状况比较好的流动儿童其平均分显著高于家庭经济一般、不好和很不好的流动儿童（$p < 0.001$）；④身份认同总分：家庭经济状况比较好的流动儿童其平均分显著高于家庭经济状况不好和很不好的流动儿童（$p < 0.001$）。

表 3-10　流动儿童身份认同在家庭经济状况上的 F 检验结果（$M \pm SD$）

—	非常好	比较好	一般	不好	很不好	F	Post-hoc
身份识别	3.193±0.783	3.383±0.758	3.277±0.729	3.075±0.595	2.936±0.680	3.742**	②>④，②>⑤
归属情感	3.375±0.689	3.497±0.651	3.389±0.637	3.210±0.672	3.231±0.655	2.960*	②>④
行为倾向	3.342±0.719	3.463±0.700	3.321±0.684	3.168±0.613	2.883±0.714	5.232***	②>④，②>⑤，②>③
身份认同总分	3.278±0.615	3.432±0.614	3.314±0.590	3.133±0.524	2.981±0.555	4.923***	②>④，②>⑤

注：* $p<0.05$，** $p<0.01$，*** $p<0.001$；①非常好，②比较好，③一般，④不好，⑤很不好。

表 3-11 显示，流动儿童的周围环境在身份认同的各维度及总分均存在显著性的差异，经事后检验发现：①身份识别：在当地人和外地人差不多环境中的流动儿童其身份识别的平均分显著高于在外地人较多环境中的流动儿童（$p < 0.01$）；②情感归属：在当地人和外地人差不多环境中的流动儿童其归属情感平均分显著高于在外地人较多环境中的流动儿童（$p < 0.01$）；③行为倾向：在当地人和外地人差不多环境中的流动儿童其行为倾向的平均分显著高于在外地人较多环境中的流动儿童（$p < 0.05$）；④ 在当地人和外地人差不多环境中的流动儿童身份认同总分的平均分显著高于在外地人较多环境中的流动儿童（$p < 0.001$）。

表 3-11　流动儿童身份认同在周围环境上的 F 检验结果（$M \pm SD$）

—	当地人较多	外地人较多	当地人和外地人差不多	F	Post-hoc
身份识别	3.266±0.727	3.168±0.755	3.352±0.701	6.006**	③>②
归属情感	3.412±0.655	3.200±0.662	3.444±0.621	5.027**	③>②
行为倾向	3.308±0.707	3.260±0.700	3.391±0.659	3.485*	③>②
身份认同总分	3.310±0.602	3.225±0.603	3.384±0.571	6.750***	③>②

注：* $p<0.05$，** $p<0.01$，*** $p<0.001$；①当地人较多，②外地的人较多，③当地人和外地人差不多。

从表 3-12 可知，流动儿童的住房情况在身份认同的行为倾向及身份认同总分存在显著性的差异，经事后检验发现：①行为倾向：自己租房和自己家买房的流动儿童其行为倾向的平均分显著高于借住亲戚家的流动儿童平均分（$p < 0.01$）；②身份认同总分：自己家买房的流动儿童身份认同总分的平均分显著高于借住亲戚家和父母单位提供住房流动儿童（$p < 0.05$）。

表 3-12　流动儿童身份认同在住房上的 F 检验结果（M±SD）

—	自己租的房	自己家买的房	借住亲戚家	父母单位提供的住房	F	Post-hoc
身份识别	3.274±0.728	3.310±0.738	3.040±0.676	3.056±0.761	2.025	
归属情感	3.382±0.641	3.491±0.663	3.244±0.779	3.251±0.665	2.024	
行为倾向	3.335±0.683	3.347±0.704	2.809±0.726	3.202±0.695	3.979**	②>③，①>③
身份认同总分	3.316±0.590	3.360±0.619	3.010±0.517	3.143±0.606	3.059*	②>③，②>④

注：$*p<0.05$，$**p<0.01$，$***p<0.001$；①自己租的房，②自己家买的房，③借住亲戚家，④父母单位提供的住房。

表 3-13 表明，流动儿童学习成绩在身份认同的身份识别、归属情感维度及身份认同总分上均存在显著性的差异，经事后检验发现：①身份识别：成绩处于上游的流动儿童其身份识别维度的平均分显著高于成绩处于下游的流动儿童（$p < 0.05$）；②归属情感：成绩处于中游的流动儿童其归属情感的平均分显著高于成绩处于下游的流动儿童平均分（$p < 0.05$）；③身份认同总分：成绩处于上游的流动儿童身份认同总分显著高于成绩处于下游的流动儿童（$p < 0.01$）。

表 3-13　流动儿童身份认同在学习成绩的 F 检验结果（M±SD）

—	成绩上游	成绩中游	成绩下游	F	Post-hoc
身份识别	3.327±0.804	3.293±0.710	3.135±0.764	4.273*	①>③
归属情感	3.340±0.656	3.417±0.639	3.291±0.669	3.405*	②>③
行为倾向	3.345±0.785	3.327±0.675	3.293±0.704	0.254	
身份认同总分	3.336±0.683	3.330±0.583	3.218±0.595	3.087*	①>③

注：$*p<0.05$，$**p<0.01$，$***p<0.001$；①成绩上游，②成绩中游，③成绩下游。

从表 3-14 可知，流动儿童同周围人的关系在身份认同的各维度及总分均存在十分显著的差异，经事后检验发现：①身份识别：同周围人关系很好的流动儿童其在身份识别维度的平均分显著高于与周围关系不好和关系一般的流动儿童（$p < 0.001$）；②归属情感：同周围人关系很好的流动儿童其归属情感维度的平均分显著高于与周围人关系不好和关系一般的流动儿童（$p < 0.001$）；③行为倾向：同周围人关系很好的流动儿童其行为倾向维度的平均分显著高于同周围人关系不好和一般的流动儿童（$p < 0.001$）；④身份认同总分：同周围人关系很好的流动儿童其身份认同的总分要显著高于同周围人关系不好和一般的流动儿童（$p < 0.001$）。

表 3-14　流动儿童身份认同在同周围人关系的 F 检验结果（M±SD）

—	不好	一般	很好	F	Post-hoc
身份识别	2.949±0.715	3.248±0.702	3.373±0.803	6.970***	③>①，③>②
归属情感	3.009±0.621	3.369±0.644	3.510±0.636	12.219***	③>①，③>②
行为倾向	2.986±0.633	3.310±0.671	3.420±0.736	7.779***	③>①，③>②

—	不好	一般	很好	F	Post-hoc
身份认同总分	2.973±0.542	3.293±0.572	3.417±0.648	11.325***	③>①, ③>②

注：$^*p<0.05$，$^{**}p<0.01$，$^{***}p<0.001$；①不好，②一般，③很好。

3.3.3 流动儿童身份认同的聚类分析

聚类分析(Cluster Analysis)其基本思想是将对象(或样本)各组看成一类，用一个统计量来衡量分类对象的相似程度；是根据其本身特征进行个体分类的方法，其基本假设是同一类别的对象具有较大的相似性，而不同类别的对象差异较大❶。聚类分析分为样品分析和指标聚类两种：样品聚类，指将 n 个样品进行分类的方法，其目的是找出样本间的共性，也称为 Q 型聚类。指标聚类，是指将 m 个指标归类的方法，其目的是选择代表性的指标，又叫作 R 型聚类。本研究的目的是依据流动儿童在《流动儿童身份认同问卷》的各条目差异得分将其划分为若干类别，因此本研究的聚类分析适宜采用 Q 型聚类。

为了避免其聚类变量的量纲不同而导致错误的聚类分析结果，首先需对数据进行标准化处理，将《流动儿童身份认同问卷》各变量的测验分数转化为 Z 分数。在此基础上对个案进行分层聚类。用最远邻法(Furthest neighbor)，同时以欧几米德距离(Euclidean distance)为测度距离的方法。通过对 2、3、4、5 种类型进行比较在聚类时综合考虑间均方与内误差均方之比、各类别分数等因素，发现四类别聚类模型针对本研究最为合理。经过聚类分析得到的四类别《流动儿童身份认同问卷》各项目的均分、标准差及 F 值见表 3-15。从 F 检验的结果来看，四类流动儿童在《流动儿童身份认同问卷》各项目得分差异显著。说明所选取的四类型的分类模型是有效的。

表 3-15 流动儿童身份认同的差异比较($M±SD$)

—	第Ⅰ类 ($N=231$)	第Ⅱ类 ($N=309$)	第Ⅲ类 ($N=335$)	第Ⅳ类 ($N=205$)	F	Post-hoc
身份识别	2.456±0.492	2.949±0.363	3.514±0.394	4.243±0.373	807.589***	④>③>②>①
归属情感	2.594±0.438	3.273±0.393	3.526±0.474	4.071±0.4359	432.105***	④>③>②>①
行为倾向	2.691±0.534	2.915±0.403	3.612±0.370	4.172±0.397	590.402***	④>③>②>①
身份认同总分	2.559±0.280	3.028±0.185	3.548±0.178	4.185±0.242	2308.000***	④>③>②>①

注：$^*p<0.05$，$^{**}p<0.01$，$^{***}p<0.001$；①第Ⅰ类，②第Ⅱ类，③第Ⅲ类，④第Ⅳ类。

第Ⅰ类流动儿童在身份识别、情感归属、行为倾向及身份认同等分均低于其他三类流动儿童，且得分均在 2.4 分左右。说明该类流动儿童来到城市后不主动与外界交往，孤

---

❶ 何胜可. SPSS 统计分析从入门到精通 . [M]北京：清华大学出版社，2013.

僻、内向；仍固守在自己老家的生活状态，既无法回归老家，又同样无法融入城市群体。最终游离于城市人与农村人之外，处于一种边缘人状态。因此，将此类流动儿童的身份认同状态命名为边缘型，占总数的21.4%。

第Ⅱ类流动儿童在身份识别和行为倾向的得分都偏低，但归属情感该维度得分处于中等水平。这类群体的流动儿童虽然在一定程度上渴求城市的认同，但不积极采取行动融入该群体。内心虽希望能得到当地人的认同，但却迫于现实的原因而退缩。存在着较多的内心纠结和冲突。十分在意城市生活和农村生活，城市人和农村人的区别。认为自己不是家乡人，但同样也认为自己不是当地人。对于自己的归属处于混乱的状态。因此，将此类人命名为混淆型，占总人数的28.6%。

第Ⅲ类流动儿童在身份识别、情感归属、行为倾向及身份认同总分均处于中等水平。此类流动儿童了解城市和老家的区别，但其内心体验和外在行为不一致。在某些时候和情境中觉得自己是这里的人，而有时又觉得自己是家乡的人，在身份的切换不太自如。能在一定程度融入当地，但融入度不高。因此将此类流动儿童命名进入型，占总数的31.0%。

第Ⅵ类流动儿童在身份识别、情感归属、行为倾向及身份认同等分均高于其他三类流动儿童，且得分均大于4分。说明该类流动儿童随父母来到城市后，能积极地适应周围的环境。虽洞察到了城市与农村的区别，但不刻意去深化这样的差异。从身份的识别到情感归属，再到行为倾向与城市人无太大差异。内心城市人的身份同现实制度性的农村人身份能很好地整合，能灵活地转换自己认知。因此，将这类型流动儿童的身份认同命名为整合型，占总数的19.0%。

上述四类流动儿童数量的卡方检验结果表明，$c^2 = 3240.46$，$p < 0.001$，这说明四类流动儿童的数量差异显著。根据这四类流动儿童在身份认同及其各维度上的得分，其身份认同水平从高到低依次排序为：整合型 > 进入型 > 混乱型 > 边缘型。

3.3.4　流动儿童自尊状况

表3-16显示，低自尊($S \leq 25$)的流动儿童有185人，占总人数的17.1%，中等水平自尊($26 \leq S \leq 32$)的流动儿童有706人，占总人数的65.4%。高自尊的流动儿童有189人，占总人数的17.5%。流动儿童大部分人处于中等水平的自尊。

表3-16　流动儿童的自尊等级水平

分数	人数	频率(%)	—
低自尊	$S \leq 25$	185	17.1
中自尊	$26 \leq S \leq 32$	706	65.4
高自尊	$S \geq 33$	189	17.5

表3-17显示，流动儿童在不同自尊水平上与流动儿童身份认同各维度及总分均存在十分显著的差异（$p<0.001$），经事后检验发现：高自尊水平的流动儿童身份认同各维度及总分显著高于中等自尊水平和低自尊水平的流动儿童（$p<0.001$）；且中等自尊水平的流动儿童身份认同各维度及总分十分显著高于低自尊水平的流动儿童（$p<0.001$）；表现为自尊水平越高，其身份认同得分越高。

表3-17 流动儿童身份认同在不同自尊水平上 F 检验结果（$M\pm SD$）

—	低自尊	中自尊	高自尊	F	Post-hoc
身份识别	3.013±0.741	3.252±0.689	3.558±0.773	27.615***	③>②>①
归属情感	3.133±0.678	3.396±0.620	3.598±0.640	25.376***	③>②>①
行为倾向	3.061±0.694	3.320±0.649	3.584±0.734	28.299***	③>②>①
身份认同总分	3.054±0.574	3.304±0.557	3.575±0.640	38.465***	③>②>①

注：*$p<0.05$，**$p<0.01$，***$p<0.001$；①低自尊，②中自尊，③高自尊。

由图3-4可知，流动儿童身份认同各维度及总分在不同的自尊水平上的变化差异。在低自尊水平上，其流动儿童身份认同各维度及总分最低；而中等自尊水平上的次之，高等自尊水平上的得分最高。

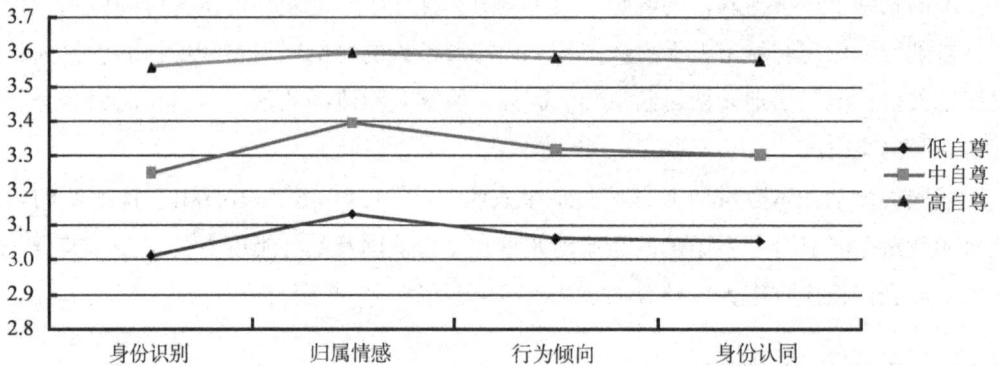

图3-4 流动儿童身份认同在不同自尊水平上的差异

3.3.5 流动儿童社会支持现状

表3-18显示，流动儿童的客观支持为7.535±2.299，主观支持为18.314±3.215，支持利用度为7.719±2.273，社会支持总分为33.568±5.891。

表3-18 流动儿童社会支持现状（$M\pm SD$）

—	客观支持	主观支持	支持利用度	社会支持总分
均分	7.535±2.299	18.314±3.215	7.719±2.273	33.568±5.891

3.3.6　流动儿童身份认同、自尊及社会支持的相关与回归

流动儿童身份认同、自尊与社会支持的相关分析结果显示（表3-19）：流动儿童身份认同各维度及总分与自尊均存在显著正相关（$p<0.01$）；流动儿童自尊水平的高低对其身份认同的问题具有显著的正向影响；与社会支持各维度及总分也呈显著的正相关（$p<0.01$），表明流动儿童的社会支持的好坏与其身份认同呈显著的正向影响。

表 3-19　流动儿童身份认同、自尊与社会支持的相关（$N=1080$）

一	身份识别	情感归属	行为倾向	身份认同总	自尊总分	客观支持	主观支持	支持利用度	社会支持总分
身份识别	1								
情感归属	0.507**	1							
行为倾向	0.622**	0.443**	1						
身份认同总分	0.726**	0.687**	0.830**	1					
自尊总分	0.346**	0.364**	0.363**	0.386**	1				
客观支持	0.381**	0.176**	0.182**	0.432**	0.252**	1			
主观支持	0.142**	0.172**	0.171**	0.183**	0.326**	0.298**	1		
支持利用度	0.112**	0.157**	0.182**	0.166**	0.240**	0.272**	0.456**	1	
社会支持总分	0.196**	0.323**	0.402**	0.425**	0.369**	0.658**	0.838**	0.741**	1

注：$^*p<0.05$，$^{**}p<0.01$，$^{***}p<0.001$。

表 3-20 显示，以身份认同的身份识别为因变量，自尊及客观支持进入回归方程，多元相关系数为.381，能预测其14.5%的变异量。以归属情感为因变量，自尊及社会支持进入回归方程，多元相关系数为.364，能预测其13.2%的变异量。以行为倾向为因变量，自尊及社会支持进入回归方程，多元系数为.402，能预测其16.1%的变异量。以身份认同总分为变异量，自尊、社会支持总分及客观支持进入回归方程，多元系数为.432，能预测其18.6%的变异量。

表 3-20　自尊和社会支持对流动儿童身份认同的多元逐步回归

因变量	进入自变量	R	ΔR^2	β	t	F
身份识别	自尊总分	0.346a	0.119	0.140a	12.599***	63.114***
	客观支持	0.381b	0.145	0.038b	11.639***	41.926***
情感归属	社会支持总分	0.323a	0.104	0.152	23.703***	51.372***
	自尊总分	0.364b	0.132	0.049b	13.820***	36.649***

因变量	进入自变量	R	ΔR^2	β	t	F
行为倾向	自尊总分	0.363a	0.131	0.124a	13.687***	72.810***
	社会支持总分	0.402b	0.161	0.046	10.831***	49.070***
身份认同总分	自尊总分	0.386a	0.149	0.156a	16.301***	87.408***
	社会支持总分	0.425b	0.180	0.091b	13.183***	57.925***
	客观支持	0.432c	0.186	−0.033c	13.358***	40.515***

3.4　分析与讨论

3.4.1　流动儿童身份认同的总体现状与发展特点

3.4.1.1　流动儿童身份认同的总体现状

从表3-2得知，以1为最低分，3为平均分，5为最高分的五点计分的自陈式流动身份认同问卷的测验结果显示，流动儿童身份认同的总体水平在3.30±0.59左右，表明流动儿童的身份认同总体水平在中等水平之上。其中情感归属得分略高，身份识别分数略低。流动儿童身份认同平均分从高到低依次为：情感归属（$M=3.38$）>行为倾向（$M=3.33$）>身份识别（$M=3.26$）。但是其情况并不容乐观，本研究的结果在一定程度上反映了其对流动儿童身份认同关注、相关权利的诉求和对该群体进行干预的必要性，这与之前的研究结果是总体一致的。冯帮（2011）研究发现流动儿童的身份认同具有较大的模糊性，主要包括身份认同的危机及如何对其进行心理调适的危机。

我国长期固存的"城乡二元"制度，把社会划分为了"城市人"和"农村人"两个社会群体。之前，由于严格的户籍制度和固着的乡村生活使得农村儿童不假思索地认同于制度赋予的"农村人"身份。然而，伴随着户籍制度的松动和流动人口数量的与日俱增，户口标签和居住地不再一致，成长与生活经历开始在身份的建构中扮演着重要的角色[1]。因此，之前固化的制度性身份发生了动摇，游离于城市和农村之间的流动儿童成为"夹缝人"或"边缘人"，处于进退两难的尴尬境地。

在前期的访谈之中，大多被访谈者认为自己不是农村人，但他们却又不能完全被城市

---

[1]　刘杨. 流动儿童社会处境、发展状况及影响机制[M]. 北京：北京大学出版社，2013.

人所认同与接受，因此他们只认同于自己所交往的狭隘群体——跟自己一样的农民工子弟；由于本研究都是调查的是农民工子弟学校，被访者纷纷表示：他们的朋友都是同他们一样的农民工子弟，生活的圈子也都仅仅局限于自己居住和上学的地方，鲜有与城市的人有交集和来往。由于流动儿童无法与当地城市人有着正常的接触与交往，也无法回到农村，因此他们只能认同自己所交往的特殊群体。

流动儿童父母的工作大多具有不稳定性，故而随工作的变更而不断迁移居住地。所以，他们所认可的狭隘群体也随之发生变化。现实不允许他们在城市扎根，同时又无法回农村立根，因此，他们成为真正无根的漂泊一代。王春光（2001）认为，漂泊感使流动儿童感到自己被排斥于主流社会之外，进而深化其边缘化的感觉和意识，从而阻碍其回归主流社会的步伐[1]。

冯帮（2011）认为心灵的长期漂泊，对自身身份的不确定会让流动儿童感到不安与不适、心理疲惫，生活得小心翼翼且敏感，更易产生被歧视感进而导致心理的失衡等[2]。这样的身份认同状态驱使他们经常采用一些消极或极端的方式来宣泄自己的不满，进而呈现大量的非理性行为、颓废行为，严重的更会引发极端个人主义、人格障碍。这些将给社会的和谐与稳定带来隐患，因此流动儿童身份认同不可小觑，需引起高度的关注与重视。

3.4.1.2 流动儿童身份认同在所在年级的差异

从表3-4可以看出，流动儿童身份认同的各维度及总分在年级差异上呈现出"M"型的变化。其中行为倾向维度与年级存在着显著的差异，四年级流动儿童行为倾向维度的均分显著高于初一和初三的流动儿童。其他的两个维度并不存在显著性差异。分析其原因。首先，初中阶段的流动儿童步入青春期，该阶段所面临的主要任务是自我统一性和角色混乱的冲突。与四到六年级的流动儿童相比，初中阶段的流动儿童自我意识增强，"我是谁"的问题对于他们往往显得尤为重要。同时在青春期的流动儿童，对周围的人和环境更为敏感，遇到问题也更倾向不与别人交流，不向他人寻求帮助。因此，对于从外地来到城市的流动儿童，身份认同的困扰更为明显，得分相对较低。其次，青少年思维的发展是从绝对到相对或辩证发展的过程。对于小学阶段的学生来说，其辩证思维水平还相对较低，对于某一事物的看法也更倾向于"一定化"或"绝对化"。如果认定老家好，就笃定老家好，很难看到其他方面的不好。初中阶段流动儿童思维水平已发展到了抽象逻辑推理水平，对于是"老家人"还是"城里人"问题的思考，不仅仅局限于某一层面，对事物能够一分为二地看待，他能认识到在城市与老家的好，也能意识到其不好；故而其身份认同各维度及总分

---

❶ 王春光. 新生代农村流动人口的社会认同与城乡融合的关系[J]. 社会学研究, 2001(3): 63-76.
❷ 冯帮. 流动儿童身份认同危机的表现、成因及对策[J]. 当地教育研究, 2011(7): 38-41.

有波动的趋势，且较初中阶段流动儿童的身份认同各维度及总分较小学四至六年级的流动儿童得分有下降的趋势，特别是在行为倾向的维度上，其差异显著。

3.4.1.3　流动儿童身份认同在进城时间上的差异

由图3-2可知，流动儿童身份认同各维度及总分均分呈现"U"型线的发展趋势。"1~3"年呈现出了流动身份认同各维度及总分的最低点，而之后随着流动年限的增加，流动儿童身份认同的程度逐步提高。分析其原因，流动儿童进入城市后，适应城市生活进而更倾向于认同城市；而在流动儿童城市适应的研究中，居住时间是重要的影响变量。这在一定程度上与国外移民儿童民族社会适应与身份认同相关研究不谋而合❶❷。刘杨、方晓义（2012）在对流动儿童身份冲突与城市适应研究中也验证这一观点，表明身份认同模糊或冲突的流动儿童其个体适应水平最差❸。周皓、章宁（2003）研究发现流动儿童身份认同并不完全取决于进城时间的长短，也还受其他因素的影响，但进城达到一定的时间量，其身份认同感会有所加强❹。

在文化适应的众多研究中，其中较为经典的是U型曲线适应模型。此模型由Lysgaard在1955年首次提出。Oberg在Lysgaard的基础上，对此进行了细致的阐述。他认为人在进入一个新的环境时，会经历蜜月期、敌意期、恢复期和适应期四个阶段。流动儿童刚刚进入城市，被城市的各种新奇所吸引，对于城市感到好奇与热情，这就是流动儿童的进入城市之后的蜜月期；在进入城市的一段时间之后则进入了敌意期，由于流动儿童在融入城市的过程之中，个体感受到与最初文化等的差异而引起生理、心理和行为上的反差、不适和失控感，处于失落和失望的低谷期；在经历了上述概况后，流动儿童开始学习城市的一些文化和行为准则，并逐步适应当地的社会和日常生活；最后流动儿童在认识自己老家和城市的异同后，对此有了客观的评价，并逐渐从困惑中走出来，更好地融入与适应城市。

本研究结果与苏文❺研究一致，然而与石长慧的研究（2010）有所出入。石长慧的研究认为流动儿童对其身份的认识会随着进城时间的流逝而越来越模糊❻。分析其原因，这可能是因为：第一，石长慧（2010）研究主要采用的是质性研究，而在研究中对于流动儿童进城时间长短的划分分别是①3年以下，②4~9年，③10年以上，其时间段间隔较大。而本

❶ ARONOWITZ M. The social and emotional adjustment of immigrant children[J]. International Migration Review, 1984 (26)：89-110.
❷ CYNTHIA C, MAGNUSON, K. The psychological experience of immigration：A developmental perspective[J]. U. S：Immigration and the family research and policy on, 1997：91-131.
❸ 刘杨，方晓义. 流动儿童歧视、社会身份冲突与城市适应的关系[J]. 人口与发展，2012，18(1)：19-27, 57.
❹ 周皓，章宁. 流动儿童与社会整合[J]. 中国人口科学，2003(4)：69-73.
❺ 苏文. 流动儿童身份认同及影响因素研究[D]. 重庆：西南大学，2012.
❻ 石长慧. 我是谁？流动少年的多元身份认同[J]. 青年研究，2010(1)：25-39, 94.

研究的时间段则相对较小：①1年以内，②1~3年，③3年以上。第二，所提取被试的区域差异。石长慧研究的被试是北京的流动儿童，众所周知，北京是我国政治与经济中心，因此吸引着若干来自五湖四海的农民工，因此流动儿童更具有典型性，无论说话、饮食，或是生活习惯等都与北京相距甚远。而本研究的流动儿童以云南、四川、贵州等地为主，其差异性虽存在，但并没有以上被试群体差异明显；其次，本研究的学校也多为在城乡接合部的民办农民工学校，与当地的人真正的接触与交流相对较少，故在语言、饮食或生活习惯都与当地有差别，但并未对此造成太大的困扰。所以，与石长慧研究中的流动儿童相比，本研究的流动儿童能更好地适应与融入新的城市生活。因此，本研究的时间段较石长慧研究的时间段较短，以便能更好地考察其身份认同在进城时间上的变化。

研究结果显示：在1~3年时，流动儿童身份认同值达到最低，这说明流动儿童身份认同在1~3年时是关键期，这提醒相关工作人员，对于这个阶段的流动儿童应给予更多的关心和爱护，以帮助解除困惑，走出这段相对阴霾的时期，实现良好的身份认同。

3.4.1.4 流动儿童身份认同在父母文化程度上的差异

从表3-8可知，流动儿童身份认同在身份识别、行为倾向及总分在父母文化程度上差异显著，也就是父亲的文化程度越高，其身份认同水平越高。已有研究发现，流动儿童父母文化水平影响着其流动儿童的城市融合[1]。而身份认同是预测流动儿童城市融合的重要指标[2][3][4]。一般来说，文化程度较高的父母往往更关注和重视子女的生活和学习，会给予女更为合理与有效的教育，面对子女遇到的一些困惑与问题，他们会针对具体的情况，引导子女寻求切实可行的解决办法。反之，则倾向于忽略或采取不合理方法来应对其子女的问题。本研究结果显示，文化程度较高的父亲，其流动儿童身份认同的相关维度及总分得分也随之较高。正是因为其父母正确和合理的教育方式引导子女，教会子女学会如何看待问题、解决问题、应对生活的种种困难。而本研究结果显示：只有父亲的文化程度与之有显著性差异，而与母亲则不具差异（具体见表3-9）。这在一定程度上体现了父亲在该群体家庭教育中扮演着重要的角色，而母亲虽有影响，但却相对弱化。

3.4.1.5 流动儿童身份认同在家庭经济状况上的差异

由表3-10得知，家庭经济条件较好的流动儿童期身份认同显著高于家庭经济条件不

❶ 王毅杰，高燕．流动儿童与城市社会融合[M]．北京：社会科学文献出版社，2010．

❷ 郑有富，俞国良．流动儿童身份认同与人格特征研究[J]．教育研究，2009(5)：99-102．

❸ 史秋霞，王毅杰．户籍制度背景下流动儿童的社会认同图景．[J]．青年研究，2009(6)：56-63．

❹ 白文飞，徐玲．流动儿童社会融合的身份认同问题研究——以北京市为例[J]．中国社会科学院研究生院学报，2009(2)：8-16．

好和很不好的流动儿童。分析其原因：特殊的成长经历与生活环境，使得流动儿童过早地成熟与独立。农民工进入城市，与在老家时相比，其经济状况比在老家时相对优越。然而与城市当地人相比，绝大多数的经济状况并不理想。流动儿童深深地体会到了这样的差异，因此感觉城市的"美好"似乎只是城市当地人的专利。流动儿童这样的社会认知和内心体验让其受到了冲击，遇到问题时想法更为激化与极端，因此其边缘化的意识更为强烈。熊易寒（2009）研究发现：经济状况的好坏可能使流动儿童遭受来自身份或社会地位和经济地位的双重歧视❶。在周围人各种歧视和不友好氛围下，其对自己属于"外围"的意识更为明显。故此，流动儿童身份认同问题会在家庭经济状况的不同下有所差异。

3.4.1.6　流动儿童身份认同在周围居住环境上的差异

在分析流动儿童在城市居住环境上的差异，其表3-11的结果显示，在不同的居住环境之中，流动儿童身份认同存在显著性差异。具体表现为：外地人和本地人差不多>当地人较多>外地人较多。分析其原因，在外地人较多的环境中，流动儿童更易形成一个同质性群体，他们接触和生活的范围相对狭隘，这样的群体使之很少与城市环境有所互动；而在当地人较多的环境中，其参照群体为城市当地人，同城市当地人相比，流动儿童在生活、经济、居住等方面都具有较大的差异，落差感强烈，因此更易形成一种防御性的认同；而在本地人和外地差不多的环境中，其参照群体不只是城市当地人，还有许多和自己一样的流动群体。在日常的生活过程中，落差感较前者更为缓和，对于自己的所属也有着更为客观的认识。在这样的环境中，他们与城市当地有着一定的互动，并在一定程度上融入城市当地生活。

3.4.1.7　流动儿童身份认同在住房上的差异

由于经济条件的限制，进城农民工绝大多数都是在城里租房居住，只有极少数经过自己多年的打拼能在城里买房。而在前期访谈的过程了解到，大部分流动儿童大都居住在城乡接合部、荒废的重工业区（EG：昆明重工）和一些年代久远的破旧老社区。以研究中走访过的一个流动家庭儿童为例：

今天在去做调查的过程中，很偶然地去了WS的家。那是在城中村居民房旁边搭起的一个类似于案板房的小屋子。外面琳琅满目地摆放着各种塑料瓶、易拉罐、纸壳、铁丝、废纸和其他各式各样零零碎碎、破破烂烂的东西，不时莫名的酸臭味道扑鼻而来。这些都是WS妈妈从这个城市片区的各个垃圾堆里捡来卖钱的。在WS的带领下，我终于绕过WS妈妈辛勤劳作堆积的小巷，进了WS的家。走近一看，只见在一间晦暗的屋子里摆放

---

❶ 熊易寒. 城市化的孩子：农民工子女的城乡认知与身份意识[J]. 中国农村观察，2009(2)：2-11，45，95.

着各种各样的东西。今天刚好下着雨，屋顶是用石棉瓦盖的，或许是因为年日较久的原因，外面下雨，屋里也就跟着下小雨。只见家里用桶和盆接着漏雨的地方，在屋里听得见雨滴滴答答的声音。可能是下雨的缘故，屋里有点湿湿潮潮的感觉。屋子的墙壁没有刷石灰，也没有窗户，屋顶和墙壁之间的些许缝隙，是屋子唯一的通风口。所以虽然是大白天，可屋子却格外暗，必须开着灯才看得见。在门口处用砖头堆了简易碗台，用来放一些做饭的锅和吃饭的碗。屋子里几乎没有什么能说得上是家具的东西，在最里面用砖头和木板搭起的电视柜上摆放着一台小型的旧电视，屋子里有一张掉了漆的小茶几和几个小板凳，这是WS四兄妹放完学做作业和全家吃饭的地方。房间的角落里还有一个缺了一扇门的小柜子，里面放着一家人的衣服及稍微贵重的物品。在屋子的另一边同样有WS妈妈捡来的一些稍微好一些的东西，Eg：断了提手柄的桶、少了个腿的椅子等。在屋子的左边有一张床，床单有点分不清颜色和两床硬硬薄薄的被子。旁边有一张可折叠的钢丝床，上面锈迹斑斑。WS说床是妈妈捡垃圾时捡回来的，很方便。白天收好，到晚上就把这张床展开，他和妹妹就睡这儿，不用同父母和弟弟妹妹他们挤一张床。我无法想象WS一家六口的吃、穿、住、行全都在这窄窄的十几平米不到的屋子里。

在城市的另一端居然还有这样的房子……虽然在之前有过一些这样的心理准备，但当亲眼目睹时还是会觉得受到冲击。原来我所谓的种种"准备"，根本无法直面他们生活的真实常态。（DXXX调查日志）

由表3-12的结果显示：自己家买房的流动儿童身份认同水平显著高于租房和借住亲戚家的流动儿童身份认同水平。分析原因：较多的流动儿童家庭都是租房，其居住的空间大多是城市的边缘地带、城郊接合部或是一些年代久远的老社区和荒废的重工区，也就是"都市的村庄"。邹泓等（2004）对我国流动儿童生存状况的调查显示：约有90.5%的外来务工家庭在城市租房，近80%的流动儿童没有属于自己的房间，而三分之二的家庭没有其独立的厨房和厕所。

王莹（2005）表示：流动儿童大多聚居在"城市村庄"中，一方面导致社区作用的缺失，另一方面还引起了流动儿童与城市群体主流生活隔离的弊端[1]。生活在"城市村庄"的流动人口，其受教育的程度普遍较低，大多从事3D（dangerous、dirty、difficult）工作。该群体劳动负荷量大，经济收入微薄，社会地位低下。他们漂泊于城市和农村之外，辗转于城市和农村之间，强化了其"无根"意识。这些处于城市社会的底层，但却无法享有与城市居民同等权利的人长期聚居在一定的区域内，同时又缺乏与其他群体（当地人群体）的交流与相处。因此该群体比较容易形成属于其特有的亚文化[2]，然而这种亚文化往往与其主流的社

❶ 王莹. 对城市流动儿童社会适应状况的考察与分享[D]. 郑州：郑州大学，2005.
❷ 张旻蕊. 农民工随迁子女的城市融入问题研究[J]. 学理论，2013(26)：73-74.

会文化相背离,甚至引发反社会行为的产生。

而居住在"城市村庄"周围的也大多是与之相似的外来务工人员流动群体,进而形成了一个同质性较强的居住地。在这样的环境中,流动儿童能够在一定程度上感到平等和舒服,与同质性的群体交往频繁与融洽。然而王毅杰(2010)研究发现这样会形成一个相对封闭的亚文化圈,其减少了与城市主流社会的碰撞和摩擦,然而这对于流动儿童身份认同的长远发展是不利的[1]。

3.4.1.8 流动儿童身份认同在学习成绩上的差异

由表3-13得知,成绩较好的流动儿童身份认同水平要高于成绩不好的流动儿童身份认同水平。分析其原因:由于该群体的父母大多从事不稳定的工作,居住地频繁更迭等诸多的劣势使他们难以取得优异的成绩。城市生活中语言、教材变更、学习难度加大、离开老家后学习连贯性被打乱等都将对他们学习产生诸多不利的影响。有一部分流动儿童能通过自身的刻苦学习及良好的心态很快适应这样的改变,而有的却久久不能适应这样的变化而陷入学业成绩较差的局面[2]。在变迁的环境中,学习成绩较好无疑给予其自信,进而鼓舞其更好地在城市生活;学习成绩优异能得到老师及同学的认可,而学习成绩差则相应地被赋予了另一种意义。由此可推断,学习成绩无形地为流动儿童各自附上了标签。而E. Lemert认为,标签不仅影响他人对当事者的看法产生影响,同时影响当事者本身的自我意识和日后的行为方式。学习不好为这部分孩子贴上了"差"的标签,并在日后的学习和生活中影响着与老师和同学的互动,遭受到更大的压力。而在这样的环境中,这类孩子往往用另一种形式捍卫自己遗失的自信和自尊,变得沉默,或干脆不融入、不接纳变更的环境,选择另一种表面"不在乎"的方式掩饰自己内心的不安。故而其身份认同水平相对较低。

3.4.1.9 流动儿童身份认同与周围人关系上的差异

表3-14结果显示,流动儿童与周围人关系越好,其身份认同越好。与周围人关系好其实是同伴和人际关系的一种体现。郑友富(2009)的研究发现:与同伴群体的关系好坏,在流动儿童身份认同过程中扮演着极其重要的角色,流动儿童只有在与同伴群体交往与建立良好关系的过程中,才能找寻到最适合自己的身份。冯帮(2011)认为:应积极引导城市儿童和流动儿童间的互动,促进群体间的融合,消除彼此的隔阂,创造良好的交往环境,以排除流动儿童身份认同的危机[3]。雷鹏(2012)认为:周围人际关系能给予流动儿童较好

---

[1] 王毅杰,高燕. 流动儿童与城市社会融合[M]. 北京:社会科学文献出版社,2010.

[2] 王毅杰,高燕. 流动儿童与城市社会融合[M]. 北京:社会科学文献出版社,2010.

[3] 冯帮. 流动儿童身份认同危机的表现、成因及对策[J]. 当地教育研究,2011(7):38-41.

的社会支持，减轻其疏离感，从而帮助其更好地融入城市，对于身份认同有正向的预测作用❶❷。本研究结果与上述研究者一致。从而给予我们启发，在对该群体身份认同进行疏导时可适当加强该群体与城市群体的交流与互动。

3.4.2 流动儿童身份认同类型

由表 3-15 流动儿童身份认同聚类分析的结果表明，基于流动儿童身份认同的流动儿童类型共分为四类，它们分别是：边缘型、混淆型、进入型和整合型。上述四类流动儿童所占百分比分别为：21.4%，28.6%，31.0%，19.0%。四类流动儿童身份认同的差异显著($x^2=3240.46$，$p<0.001$）。现有的对流动儿童身份认同划分仍脱离不了"城市人"和"农村人"的制度性概念的束缚，因而相关研究对于身份认同的类型大多局限于认同农村身份、城市身份、既不是城市身份也非农村身份、或是觉得自己既像是城市人也像是农村人❸❹❺。已有研究表明，身份认同是判断流动人口城市融入度的一个重要指标，同时也是预测其城市适应，社会行为及与城市人群体关系的风向标❻。因此，对流动儿童身份认同类型的划分，有益于我们更好地了解其具体特征，从而找寻更为恰当的解决措施和干预方法。

回溯以往对流动儿童身份认同的研究，大多是从经验层面上对流动儿童身份认同现状的探讨❼❽❾，因此研究结果大多从经验层面上单一、静态的描述。其相关研究大都把流动儿童看作一个被动的群体，却忽略了个体的主观能动性，对其个体本身心理层面的研究较少。本研究从流动儿童本身心理层面对其身份认同的剖析，通过已有数据进行聚类分析得出，流动儿童身份认同分为以下四种类型：

第Ⅰ类为边缘型，占总人数的 21.4%。这一类型的流动儿童往往性格内向，害羞与腼腆，较少主动与外界沟通与交流。从老家来到城市后，由始至终觉得自己不属于这个地方，自己是局外人，对老家的好惦念不忘，拒绝接受城市的种种。针对该类流动儿童，学校、老师和同学应多给予耐心与关爱，引导他们去认识这个新环境，了解这座城市；而家

❶ 雷鹏. 流动儿童身份认同及影响因素[D]. 重庆：西南大学，2012.
❷ 雷鹏，陈旭，王雪平，等. 流动儿童疏离感现状、成因及对策[J]. 教育导刊，2011(10)：25-28.
❸ 周皓，章宁. 流动儿童与社会整合[J]. 中国人口科学，2003(4)，69-73.
❹ 石长慧. 我是谁？流动少年的多元身份认同[J]. 青年研究，2010(1)：25-39，94.
❺ 王毅杰，高燕. 流动儿童与城市社会融合[M]. 北京：社会科学文献出版社，2010.
❻ 白文飞，徐玲. 流动儿童社会融合的身份认同问题研究——以北京市为例[J]. 中国社会科学院研究生院学报，2009(2)：8-16.
❼ 郭良春，姚远，杨变云. 公立学校流动儿童少年城市适用性研究—北京市 JF 的个案调查[J]. 中国青年，2005(9)：50-55.
❽ 史柏年. 城市边缘人—进城农民工家庭及其子女问题研究[M]. 北京：社会科学文献出版社，2005.
❾ 王毅杰，梁子浪. 试析流动儿童与城市社会的融合困境[J]. 市场与人口分析，2007(6)：58-63，71.

长应鼓励孩子主动出去走走看看，引领他们主动与城市群体沟通，在交往的过程中给他们带来积极的情感体验，积极地融入该环境。

第Ⅱ类为混淆型，占总人数的28.6%，该类型的流动儿童其身份认同的总体水平要高于边缘型流动儿童，但这类流动儿童的身份认同往往更易演化为负性的观念和行为，因此需要更多的关注。这类流动儿童来到城市后，他们见证了城市的繁华，体验了城市生活的快捷；他们感受到了许多与农村生活截然不同好的体验，因此觉得在这里生活会比在老家好，自己渴望融入这个群体，渴望成为这里的一员。

然而现实生活中，大多流动儿童的就读学校和居住地相对隔离，加之城市居民对于这个群体的偏见，使得流动儿童在一个封闭性和同质性较高的环境中成长❶。这类流动儿童流动具有高交往的意愿，但却面对低交往的事实。加之，城市居民对流动儿童态度上的固着偏见及行为上的歧视，使得流动儿童产生强烈的被排斥感。诸多的负性体验和情感经历不断强化着流动儿童这样的意识：自己不是这里的人，自己不属于这里。然而，长时间的远离老家，没有或极少的老家生活经历，对老家弱化的记忆与情感，所以对老家也同样缺乏归属感。他们同样觉得自己也不是老家人，因此出现社会性孤立和情感性孤立的双重孤立状态。这种既不认同于老家也不认同城市的身份认同状况很容易累积和激发不满情绪，对在城市生活中的各种不公平待遇忍耐力降低，甚至导致对抗性行为产生，进而威胁社会的良性运行与协调发展；为了能给自己的身份进行定位，他们可能会采取其他越轨与偏激的方式寻求认同❷。

EG：刚来到这儿，觉得这儿很好，交通方便而且啥子都有。以前在老家时是每到3、6、9号赶集，要赶集的话，我们五点多就得起，然后走两个多小时到赶集的地方。现在在这儿，根本就没有什么赶集与不赶集的区别，每天都一样，而且啥子都买得到。父母挣得的钱也比在老家多。这是我觉得它好的地方。不好的地方是这阁（这儿）的人。有一次，我和几个同学坐公交车来学校读书。车子急刹车时，我不小心碰到了前面的一个老奶。我赶紧跟她说对不起，一直给她赔不是。但那个昆明老奶（nai）一直用昆明话在骂我，说我外地的什么的很难听的话……公交车上其他的人都盯着我看，好像我犯了什么大错。那会儿我脸涨得通红，什么话也说不出，眼泪珠珠一直在眼睛头打转。我也不知道她为啥子说我们外地什么的，只是觉得本地的有点儿……现在和我要得好的都是跟我一样是从外地的，他们妈老赫儿（爸爸妈妈）也是来这阁（这儿）打工嘞！我现在不会主动跟这阁（这儿）的人交往，他们总是觉得自己有一种优越感，比我们要高人一等的感觉。

现在离开老家到这儿已经有6~7年了，我们只是每年过年那会儿回老家一次。比起

❶ 王毅杰，高燕．流动儿童与城市社会融合［M］．北京：社会科学文献出版社，2010．

❷ 周斌，揭新华，聂洪辉．新生代农民工和流动儿童的城市融入与社区建设—兼论巴黎骚乱对构建和谐社区的启视［J］．福建省社会学院学报，2008（2）：84-89．

老家,我对这阁(这儿)还更熟悉。妹妹是在昆明出生的,现在6岁;上次回老家,因为水土不服,妹妹身上还长了些红色的颗颗(颗粒)。老爷娘娘死了之后,妈老赫儿(爸爸妈妈)就更少带我们回老家。(DXXX调查)

以上是该类流动儿童其中的一员,这类流动儿童尤其需要来自社会等各方面的关注,在干预时应注意引导该类流动儿童学会融入迁入地的生活,与城市群体更多地沟通与交流,城市生活中找到自己的归属,帮助其实现其身份和角色的转变。

第Ⅲ类为进入型,占总人数的31.0%。这一类型的流动儿童往往具有较强的好奇心,来到城市后积极主动地适应新环境,并融入城市,使其一度认为自己与这儿的人没有区别。但由于固化的制度和现实的束缚,使其不得不承认一些现实的问题。加上该类流动儿童通常自尊心较强,因此内心十分矛盾与纠结。

EG:我有时觉得自己是这里的人,有时感觉自己是老家人。在平时没觉得自己同当地的城里人有什么区别,刚来时还有些不适应,时间久了,与当地的人也处得不错时,我觉得自己就是这里的人;去年,要上初中,因为户口的问题,我不能像这里的人那样能去当地的一些公立学校读书,必须去指定的几所公立学校或是民办学校读书。而那几所公立学校名额又少,根本就没有我们的份,而且学费也很贵。所以就只能来这个学校读书。而我读到初二时,就必须回老家读书。这边读的话都不能参加中考。也听说有的可以在这边的有些学校读,但每年需要交1万~2万代培费,太贵了,根本就读不起。所以打算明年还是回老家读。那会儿我才发现原来自己还是老家人。(TYSYXX调查)

以上是这类流动儿童最典型的心理特征;这类流动儿童在不同的情境中,其身份认同的感受不尽相同。因为自尊心的原因和现实条件的限制,其身份转换不灵活,有时感觉的自己是这里的人,而有时又觉得不是。针对该类流动儿童,要引导他们意识到无论是老家人还是这里人,在生活中总会遇到这样又或是那样的困难与挫折;而这些困难和挫折是以不同的形式和载体出现,所以不要把问题归咎于你是哪里的人。要认识到,老家人还是农村人,只是生活地方的不同而没有贵贱之别。要学会正确应对和处理生活中的这些磕磕碰碰,最终实现身份归属的灵活转换。

第Ⅵ类流动儿童为整合型,占总人数的19.0%;该类流动儿童能很好地适应在迁入地的生活,能很好地处理城市生活中的冲突和矛盾,在不同的情境中能实现身份归属的灵活切换。他们虽洞察和知晓城市与农村的区别,但并不刻意去强调这样的差异,把这样的差异看作是个体生命历程自然的一部分。能够实现制度性农村的身份认同和情感上城市身份认同的很好整合。这类流动儿童相较其他几类流动儿童,已经较好地适应城市,并融入当地的生活。

3.4.3 流动儿童身份认同、自尊与社会支持关系的分析

表 3-21 的结果表明：流动儿童身份认同与自尊呈显著正相关。Taifel（1982）认为：人在建立社会身份的时候习惯把人际社会划分为内群体和外群体，在对内群体和外群体进行比较时，自尊正是来源于比较的优势群体；为了维护自尊，个体倾向于把自己纳入较优势的身份群体之中。Voci（2003）认为，在社会比较的过程中，个体受维护其自尊和获得积极自我评价的驱使，会形成积极的身份认同❶；董慧中❷（2012）等的研究发现，流动儿童身份认同水平的不同，其自尊水平也存在着显著性差异，身份认同水平较高的流动儿童其自尊水平也显著高于其身份认同水平较低的流动儿童。纪婷婷等❸（2012）的研究发现流动儿童身份认同完成得越好，其自尊水平就有可能越高；流动儿童越是能很好地实现其城市人的身份认同角色，就越能得到来他人和自己的积极评价，因此其自尊水平得以提高。其提高自尊为个体带来较高程度的适应水平❹。

身份认同与社会支持呈显著的正相关。Bridman. D. E（2002）在移民儿童的研究发现，获得主流社会同伴支持的移民儿童更倾向于形成移入地身份认同，获得移民儿童同伴支持和父母支持更多的移民儿童，更易形成迁出地身份认同❺。反之，其不同的认同倾向也会使得个体能更好地适应环境，从而获得更多的社会及同伴支持❻。邓欢等（2012）研究发现：流动儿童的身份认同在其社会支持和歧视知觉间起到了调节的作用；身份认同偏向于城市的儿童，其内心的想法和行动与当地城市儿童保持一致，因此感受到的社会支持也越多，进而强化其身份认同，从而对周围歧视的感觉便变少了❼。而李晓青等（2008）认为，师生关系等影响着其自尊的发展❽，师生关系实际是社会支持的一种延伸，而自尊是自我发展的核心，流动儿童正处于自我认同的关键时期，故此影响内在自我身份认同的实现。

流动儿童虽然置身于城市，但却长期生活在"城市村庄"之中。他们由于社会制度、经

---

❶ VERONICA N, SHARON R J. Cultural homelessness, multi minority status, ethnic identity development, and self esteem［J］. International Journal of Intercultural Relations, 2011（35）：791-804.

❷ 董慧中, 唐春芳, 吴明霞, 等. 流动儿童自尊特点及其与学校态度的相关研究［J］. 内蒙古师范大学学报（教育科学版）, 2012（25）：43-46.

❸ 纪婷婷, 邓欢, 马静, 等. 流动儿童角色认同及自尊的关系［J］. 贵州师范大学学报, 2012, 30（3）：31-36.

❹ 刘杨, 方晓义, 蔡荣, 等. 流动儿童城市适应状况及过程———次质性研究的结果［J］. 北京师范大学学报（社会科学版）, 2008（3）：9-20.

❺ BIRNAN, D, TRICKETT E J, VINOKUROV A. Acculturation and adaptation of soviet jewish refugee adolescent: Prediction of adjustment across domains［J］. American Journal of Community Psychology, 2002, 30（5）：585-607.

❻ 刘杨, 方晓义. 流动儿童社会身份认同与城市适应关系［J］. 社会科学战线, 2013（6）：190-194.

❼ 邓欢, 马静, 纪婷婷, 等. 流动儿童社会支持与歧视知觉：角色认同的调节作用［J］. 内蒙古大学学报, 2012, 25（2）：39-42.

❽ 李小青, 绐泓, 王瑞敏. 北京流动儿童自尊的发展特点及其与学业行为、师生关系的相关研究［J］. 心理科学, 2008（4）：909-913.

济等被禁锢在相对封闭的狭小空间里(都市村庄)，缺乏与城市主流社会的沟通与交流。城市流动儿童在举家迁徙的过程中，其之前的社会关系网络发生断裂，与之前老师、同学、朋友的关系难以得以继续维系，因此社会支持水平下降。现在他们的社交体系之中，其交往的群体大多是和他们一样的农民工子弟；课余时间他们或是帮父母干活，或是在家里洗衣做饭，或是带弟弟妹妹，抑或是不愿踏出自己居住的环境，很少有和外界接触的机会。这样的生活境遇，得到来自于客观社会的支持可谓寥寥无几。他们耳濡目染的更多是父母不稳定的职业、低收入、贫困和不被城市人所接纳等。因此对身份的认同上，他们最可能、最无奈的选择是游离于城市人和农村人的模糊化身份。

经过多元回归分析，自尊和社会支持对流动儿童的身份认同各维度及总分具有显著的正向预测作用。可见，流动儿童自尊、社会支持的状况在一定程度上影响着流动儿童的身份认同水平。流动儿童的社会支持越高，表明其得到来自于周围和他人的关注和爱护较多，从而更肯定对自己身份的认同；同样，其自尊心水平越高，其对自己的价值认同感就越高，进而身份的归属和认同感也会增加。由此，为流动儿童身份认同的干预找寻了突破口。也启示我们在日后的研究及干预过程中，注意结合自尊与社会支持对于身份认同的作用，完善其相关研究。

▶4

流动儿童身份认同干预研究

4.1　研究目的

　　通过上述对五华区桃源实验学校、立人学校、昆明德馨学校、大理英才学校、大理下关一小、大理昆华学校和大理天骄学校的四年级—初三的流动儿童进行身份认同的调查结果分析，并结合心理辅导的理论和实际依据，制定相应的团体辅导方案。根据制定的团体辅导方案，实施团体心理辅导，并根据实验的结果和小组成员的反馈来检验团体辅导的有效性。

　　通过团体心理辅导，将影响流动儿童身份认同的影响因素逐步渗透在团体心理辅导之中，使其存在身份认同问题的流动儿童能够在团体活动中更深刻地认识自己，获得自我成长，提高他们对生活和学习的自信心，学会正确处理与应对生活与学习中的困境，从而促进其身心的健康发展。

4.2　研究方法

4.2.1　研究对象

　　本研究选取 DX 学校的初中生(初一、初二、初三各一个班)，通过《流动儿童身份认同问卷》等进行筛查。将其流动儿童身份认同问卷的得分等由低到高排列，最终随机选取得分相对较低的 30 名学生。并依次与学生进行面谈，对学生的身心状况进行了解。再向学生说明该活动的目的、性质及相关的要求和注意事项，同时询问当事人的参与意愿。

根据以上条件对被试进行筛选，最终确定 20 名符合条件的被试。并随机挑选 10 人为实验组，10 人为对照组。在抽取被试的过程中尽量控制其同质性(性别，年级等)，在干预前对实验组和对照组进行差异检验，以考察被试是否同质(表 4-1)。

表 4-1　实验组和对照组基本情况

—	—	实验组	对照组
性别	男	6	5
	女	4	5
年级	初一	3	3
	初二	4	5
	初三	3	2

4.2.2　研究假设

团体辅导可以提高流动儿童的身份认同水平。

4.2.3　研究工具

4.2.3.1　干预工具

团体辅导方案(根据上述研究结果和访谈，结合流动儿童的特征而有针对性制定的方案，具体内容请看表 4-2)。

表 4-2　流动儿童身份认同团体心理辅导方案

阶段	单元主题	单元目标	活动流程
开始阶段	Unit1. 缘分天空	1. 成员相互熟识、建立团体凝聚力； 2. 澄清成员期待，了解团体目标，订立规范和契约； 3. 建立团体归属感，营造和谐团体氛围	①大风吹(Warming-up)(15min) ②认识团体和订立契约(20min) ③滚雪球(10min) ④我的愿望树(20min) ⑤任命守护天使的任务(10min) ⑥问卷前测(30min) ⑦总结(5min)

阶段	单元主题	单元目标	活动流程
实施阶段	Unit2. 魔镜魔镜告诉我	1. 增进组员相互了解，增强信任感； 2. 协助成员进行自我探索，认识自己，接纳自己； 3. 通过以上对自我的剖析，引导成员识别和接纳事物的独特性，从而认识到自己也是独特的	①同舟共济（Warming-up）（10min） ②20个我（35mion） ③我的自画像（30min） ④我是谁（40min） ⑤总结（5min）
	Unit3. 遇见未知的自己	1. 促使组员对自己进行更深层次和更全面的认识； 2. 通过认识自己，增强自觉，发掘更为内化的问题； 3. 发现对自我认识的不合理信念	①心有千千结（Warming-up）（15min） ②我的VIT（60min） ③情景剧（20min） ④总结（5min）
	Unit4. 向左走，向右走	1. 激发组员反思自己的价值观念； 2. 懂得正确的坚持与放弃，学会取舍、承担； 3. 学会珍惜和感恩	①无家可归（Warming-up）（15min） ②价值大拍卖（45min） ③My Corner（25min） ④总结（5min）
	Unit5. 选择的奥秘	1. 让成员学会接纳生活，懂得并珍惜拥有； 2. 理解生活的曲折和不如意，学会面对和接纳那些不如意； 3. 学会以感恩之心对待生活	①扮时钟（Warming-up）（15min） ②命运纸牌（35min） ③生命线（35min） ④总结（5min）
	Unit6. 当困惑降临的时候	1. 帮助成员面对与处理困扰； 2. 引导成员怎样从他人的经验中学习与成长； 3. 帮助成员察觉并表达自己的情绪，并思考其产生的原因	①情绪脸谱（Warming-up）（5min） ②解密大行动（50min） ③情绪知多少（35min） ④总结（5min）
	Unit7. 我的人生我做主	1. 引导成员学会正确面对和看待困难； 2. 引导成员思考与应对未来； 3. 学会对生命和未来的规划	①成长五部曲（warming-up）（15min） ②疯狂一分钟（10min） ③时间馅饼（25min） ④人生透视（35min） ⑤总结（5min）
结束阶段	Unit8. Take Care!	1. 总结并分享团辅心得，将团辅过程的体会与感悟深化，使小组成员运用到今后的学习和生活中； 2. 团体辅导效果评估； 3. 结束团体	①引言（warming-up）（10min） ②天使揭秘（25min） ③真情告白（25min） ④问卷后测和评估问卷等的填写（20min） ⑤总结（10min）

4.2.3.2 评估工具

流动儿童身份认同问卷(自编)、社会支持量表(SSRS)、自编团体成员活动效果评估量表(内容见附录一)。

4.2.4 研究设计(图4-1)

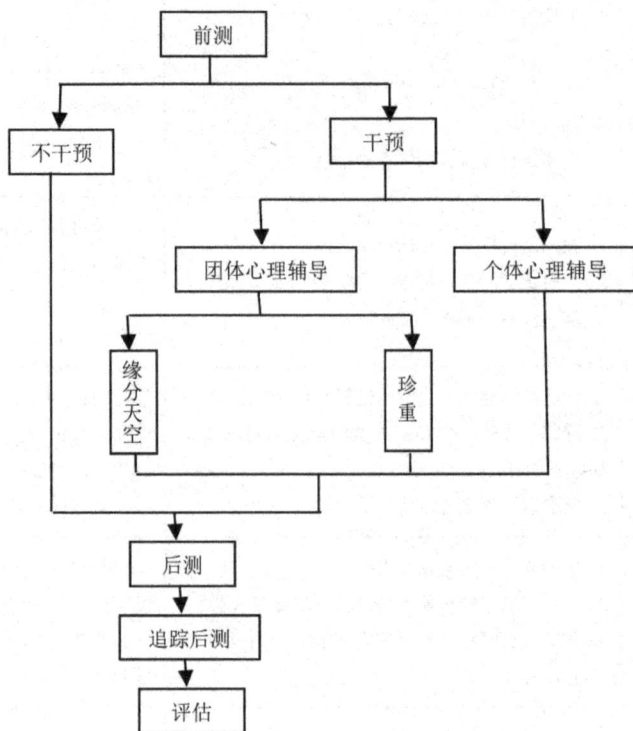

图 4-1　研究干预设计

4.2.5 研究步骤

(1)根据研究二的调查结果,结合前期访谈时对流动儿童特征的了解,有针对性地制定相应的团体辅导方案;

(2)参考前测,并结合访谈与学生的意愿而确定实验组与对照组;

(3)实施心理干预。根据制定的团体辅导方案,对实验组进行不同形式的辅导,实施个别咨询和团体心理辅导结合的混合性咨询技术,对筛选出来的同学进行为期2个月共8次的团体辅导,每周1次,每次90~120分钟。

(4)后测及评估。研究结束以后,对实验组和对照组进行前后测,通过实验组成员对团体活动的总结与分析、过程评估、观察记录、问卷调查、追踪后测及评估等进而检验团体辅导的效果。

4.2.6 数据处理

采用 SPSS 19.0 软件对相关数据进行录入、整理和分析。

4.3 团体辅导方案的设计

4.3.1 设计辅导方案的依据

4.3.1.1 理论依据

团体心理辅导(Group Guidance)是指在团体的心理环境下为成员提供心理指导与帮助的一种重要方式。通过组内团体成员的互动与交流，促使个体探索自我、认识自我、接纳自我，调整与改善同他人的关系，学习新的行为方式与态度，是解决问题能力得以增强并激发个人潜能的助人过程[1]。

4.3.1.2 现实依据

通过对昆明五华区桃源实验学校、昆明立人学校、昆明德馨学校、大理英才学校、大理昆华学校、大理天骄学校和大理下关学校进行流动儿童身份认同的调查结果分析，同时结合前期对 20 名流动儿童的质性访谈，为团体心理辅导寻找更为恰当与契合的干预点。根据前面研究结论提示，在对该群体进行干预时周围人际关系和社会支持是该干预的一个突破口。最后整合团体心理辅导的理论依据与实践依据，有针对性地制定相应的团体辅导方案。

笔者在某民办农民工子弟学校担任了为期 4 个月的志愿者英语老师。在做志愿者期间，与该群体的孩子、老师和家长有了进一步的沟通与认识，对该群体的心理状况有了更深的了解。笔者发现：该群体的孩子对城市居民往往具有较高的交往想法，但真正实质性的交往甚少；他们敏感与细腻，在城市化的进程中遇到问题时为了维护自己仅有的自尊，而有意识地回避其他群体；对自己的身份归属有所反思，也有着想改变的强烈意愿，但迫

---

❶ 樊富珉. 团体咨询的理论与实践[M]. 北京. 清华大学出版社, 2005.

于现实，而选择把自己的一些愿望与想法积压在心底。选择用一种漠然或沉默的态度来应对在城市化进程中所遇到的问题。所以，笔者认为，这些在日常生活中所衍生出的问题，如果能在问题发生时就得以及时地疏导和处理，该群体一些的心理状况就能得到改善和缓解。在制定方案时要综合考虑这些因素，这为团辅方案的制定提供了又一现实依据。

4.3.2　团体辅导目标

第一，营造一个轻松舒适的环境，通过成员坦诚的沟通与交流从而打开彼此的心扉，在小组中建立令人信赖、温暖与和谐的团体氛围。

第二，在与小组成员的沟通、交流与分享的过程中审视自我，认识自我，定位自我。通过不同的视角，从而更为客观地认识自己，发现自己的优点，增强自尊，进而调整对自身不合理的定位。

第三，协助成员认识到自身所拥有的一些资源，探索和发现一些有效且可行的方法来处理生活中一般的发展性问题，解决冲突与矛盾。

第四，帮助成员增强自我方向感与社会适应，排除干扰，同时协助组员把上述能力应用到自己的日常生活和学习领域中，增进身心的健康发展。

4.3.3　辅导方案的内容

团体辅导的具体方案主要围绕前期访谈结果、流动儿童身份认同的三个维度和本研究前期数据调查结果而编制的。具体请见图4-2。

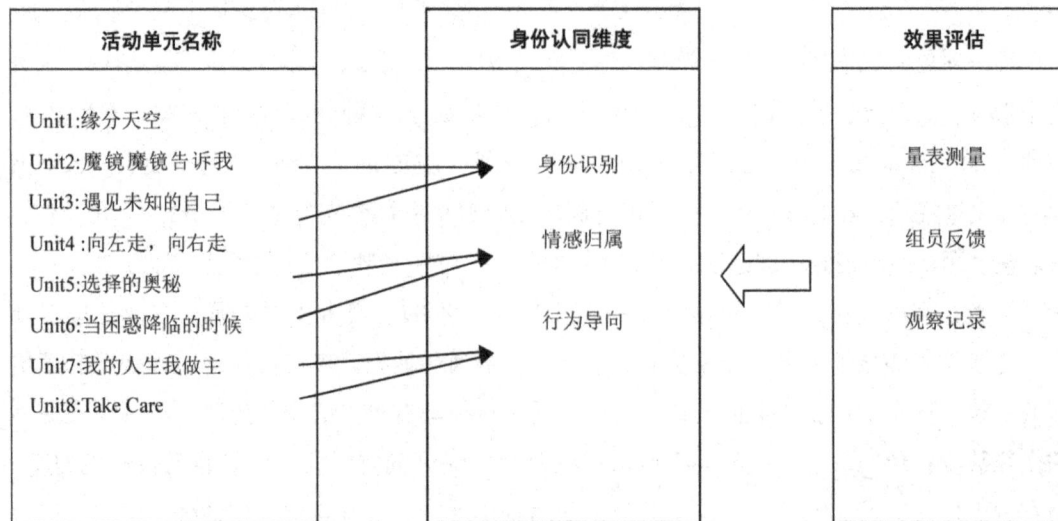

活动单元名称	身份认同维度	效果评估
Unit1:缘分天空	身份识别	量表测量
Unit2:魔镜魔镜告诉我		
Unit3:遇见未知的自己		组员反馈
Unit4:向左走，向右走	情感归属	
Unit5:选择的奥秘		观察记录
Unit6:当困惑降临的时候	行为导向	
Unit7:我的人生我做主		
Unit8:Take Care		

图4-2　团体辅导单元设计框架

团体名称：向左走，向右走。

团体活动的性质：封闭、结构、发展性的团体 。

团体活动时间：每周 1 次，共 8 次，每次活动时间 90~120 分钟。

4.4 研究结果

4.4.1 流动儿童实验组和对照组的各差异比较

4.4.1.1 流动儿童身份认同实验组和对照组前测的差异比较

在正式进入团体辅导前，为了解实验组和对照组流动儿童身份认同是否有差异，对实验组和对照组的前测得分进行差异分析。表 4-3 的结果显示，在团体辅导之前，实验组和对照组在身份认同的各维度及总分均不存在显著差异（$p > 0.05$）。由此可以认为实验组和对照组的成员属于同质性的被试。

表 4-3　流动儿童身份认同实验组和对照组前测的差异比较（$M \pm SD$）

维度	实验组（$n = 10$）	对照组（$n = 10$）	t
身份识别	3.255±0.301	3.122±0.304	0.156
归属情感	3.275±0.293	3.175±0.333	0.942
行为倾向	2.966±0.233	3.100±0.534	2.261
身份认同总分	61.500±2.877	59.800±4.779	1.558

4.4.1.2 实验组与对照组身份认同的前测、后测及追踪后测的差异检验

由表 4-4 可知，在身份识别维度上，分组主效应极其显著（$p < 0.001$），时间主效应十分显著（$p < 0.01$），而分组和时间交互效应不显著（$p > 0.05$）；在归属情感维度上，分组主效应显著（$p < 0.05$），时间主效应、时间和分组交互效应十分显著（$p < 0.01$）；在行为倾向维度上，分组主效应、时间主效应、时间和分组交互效应均十分显著（$p < 0.01$）；身份认同总分上，分组效应极其显著（$p < 0.001$），时间效应极其显著（$p < 0.001$），时间和分组交互效应十分显著（$p < 0.01$）。

表4-4 实验组、对照组流动儿童身份认同的重复测量差异检验($M \pm SD$)

维度	分组	测量时间			F		
		前测	后测	追踪	分组效应	时间效应	交互效应
身份识别	实验组	3.255±0.301	3.777±0.5493	3.733±0.332	19.471***	6.306**	1.583
	对照组	3.122±0.304	3.177±0.315	3.200±0.449			
情感归属	实验组	3.275±0.293	4.000±0.316	3.850±0.621	13.769*	1.196**	0.431**
	对照组	3.175±0.333	3.200±0.553	3.225±0.483			
行为倾向	实验组	2.966±0.233	3.683±0.3552	3.783±0.423	8.358*	8.918**	6.848**
	对照组	3.100±0.534	3.183±0.261	3.150±0.265			
身份认同总分	实验组	61.500±2.877	71.300±3.056	71.900±2.558	49.269***	18.649***	7.659**
	对照组	59.800±4.779	62.800±3.583	61.700±4.029			

注：* $p < 0.05$，** $p < 0.01$，*** $p < 0.001$。

为了对组别效应和时间效应对实验组和对照组身份认同的各维度及总分的具体影响有更深入的了解，需对以上交互作用呈现显著的身份认同各维度及总分进行简单效应分析。

结合表4-4、表4-5和图4-3、图4-4的结果，对实验组、对照组的被试在其前测、后测和三个月的追踪后测中身份认同各维度及总分的变化进行分析。

表4-5 显著效应检验

维度	分组效应	时间效应	交互效应
身份识别	实>对	后>前	—
情感归属	—	—	后测：实>对； 追踪测试中：实>对； 实验组中：后>前，追>前
行为倾向	—	—	后测中：实>对； 追踪测试中：实>对
行为倾向	—	—	实验组中：后>前，追>前
身份认同总分	—	—	后测：实>对； 追踪测试中：实>对； 实验组中：后>前，追>前

注："实"代表实验组；"对"代表对照组；"前"代表前测；"后"代表后测；"追"代表追踪后测。

从表4-4、表4-5和图4-3可知，实验组和对照组的前测在身份识别维度上得分虽有不同，但并不存在显著性差异，由此表明实验组和对照组在未进行团体辅导前在身份识别维度上基本是同质的。经过重复测量方差分析得知：身份识别为在分组效应上显著，时间效应显著；分组效应显著表明在实验组得分显著高于其对照组得分，从而说明了在不同的组别中，小组成员在身份识别维度上存在差异，实验组得分显著高于对照组得分；时间效应显著表明其后测得分显著高于前测，从而说明在不同的测试时间上，成员在身份识别维度上具有差异，后测身份识别维度得分高于前测。

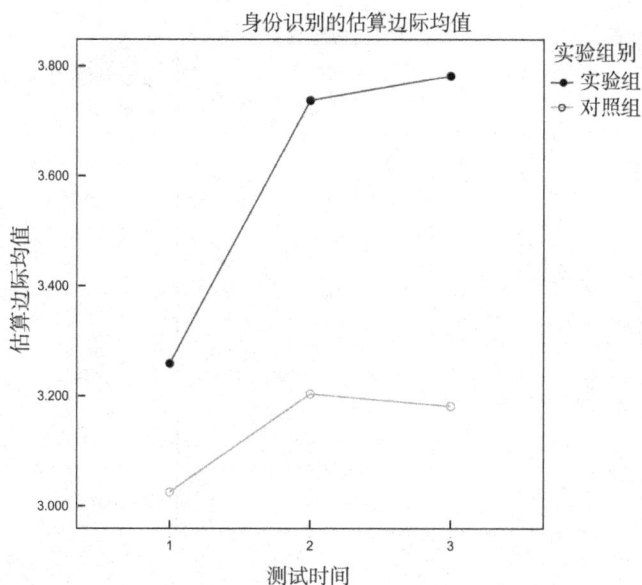

图 4-3　实验组与对照组在身份识别维度上不同测试时间的得分变化

　　然而，由于其测试时间和组别的交互效应不显著，具体的哪个时间段实验组身份识别维度得分显著高于其对照组，在哪个组别中身份识别维度的得分是否显著高于前测不能确定。表 4-4 重复测量方差分析的结果显示其身份识别维度得分的交互作用不显著，但从图 4-3 得知，实验组和对照组得分变化并不是呈相互平行状，由此表明如果增加样本，其结果可能会出现其交互作用。同时身份识别维度测量时间和组别的交互作用观察的检验力为 0.379，表明在增加样本量的情况下，可能在身份识别维度上出现施测时间和组别将交互作用显著。若假设在本样本数据交互作用显著，将可能出现实验组后测及追踪后测得分显著高于对照组，其身份识别维度实验组后测得分显著高于实验组前测。

　　结合表 4-4、表 4-5 和图 4-4 可知，在情感归属上维度上，经过重复测量方差分析存在测量时间和组别的交互作用。经单纯主要效果检验得知：在前测中，实验组在情感归属维度上得分略高于对照组得分，但并不存在显著性差异，由此可得知在未进行团体辅导之前实验组和对照度在情感归属维度上得分基本是同质的。在后测和追踪后测中发现其情感归属维度的实验组得分显著高于对照组。在实验组中，其后测和追踪后测的情感归属维度得分显著高于其前测得分。

　　由表 4-4、表 4-5 及图 4-5 得知，经过重复测量方差分析在行为倾向维度得分存在测量时间和组别交互作用显著。经单纯主要效果检验发现，在前测中，实验组和对照组的行为倾向得分不存在显著性差异，在后测和追踪后测中发现行为倾向维度的实验组得分显著高于对照组。在实验组中，后测和追踪后测的行为倾向维度得分显著高于其前测得分。

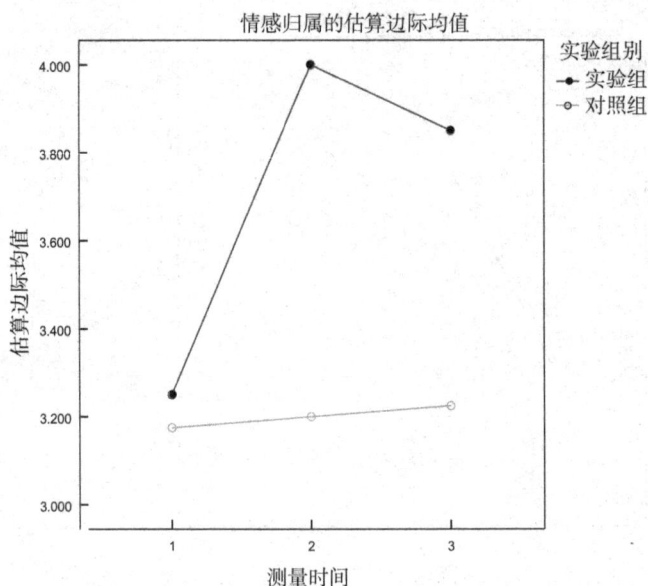

情感归属的估算边际均值

图 4-4　实验组与对照组在情感归属维度上不同测试时间的得分变化

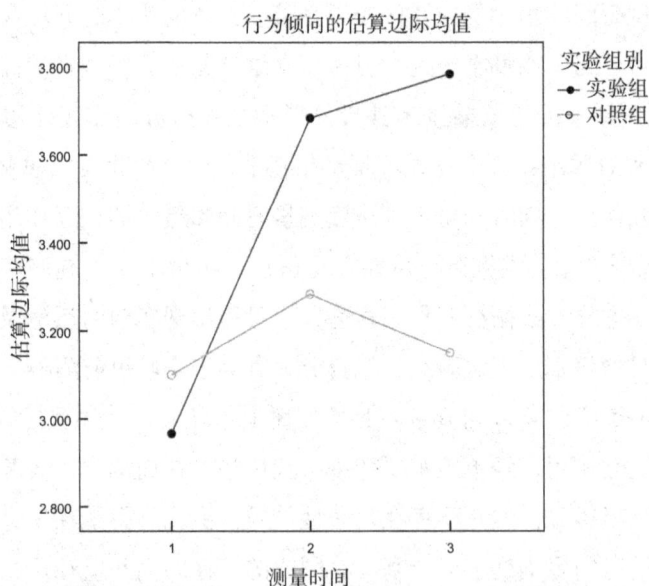

行为倾向的估算边际均值

图 4-5　实验组与对照组在行为倾向维度上不同测试时间的得分变化

结合表 4-4、表 4-5 和图 4-6 得知，经过重复测量方差分析发现身份认同总分在测量时间和与组别交互作用显著。经单纯主要效果检验发现：在前测中，实验组和对照组的身份认同总分不存在显著性差异；在后测及追踪后测中，实验组的身份认同总分均显著高于

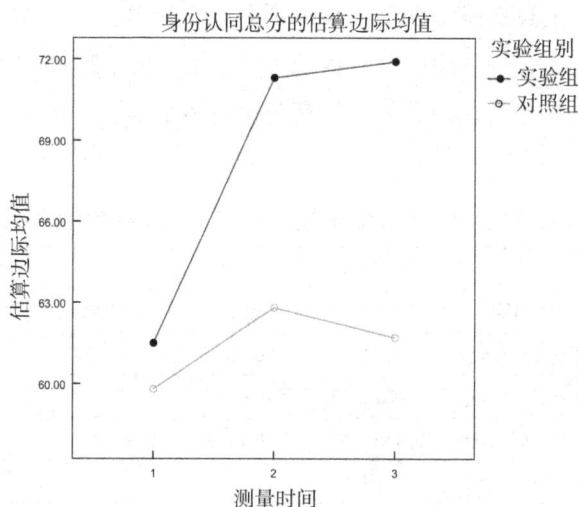

图4-6 实验组与对照组在身份认同总分上不同测试时间的得分变化

对照组得分。在后测与追踪后测中，实验组流动儿童的身份认同总分均显著高于其前测得分。对照组其得分虽有波动，但并未有显著性差异。

由图4-7得知，与对照组相比，实验组身份识别、情感归属和行为倾向各维度得分在后测和追踪后测中均有增加；对照组的身份认同各维度得分虽有波动，但其幅度不如实验组大，并未达到显著性差异。由此表明，团体心理辅导对实验组身份认同的干预是有效的。

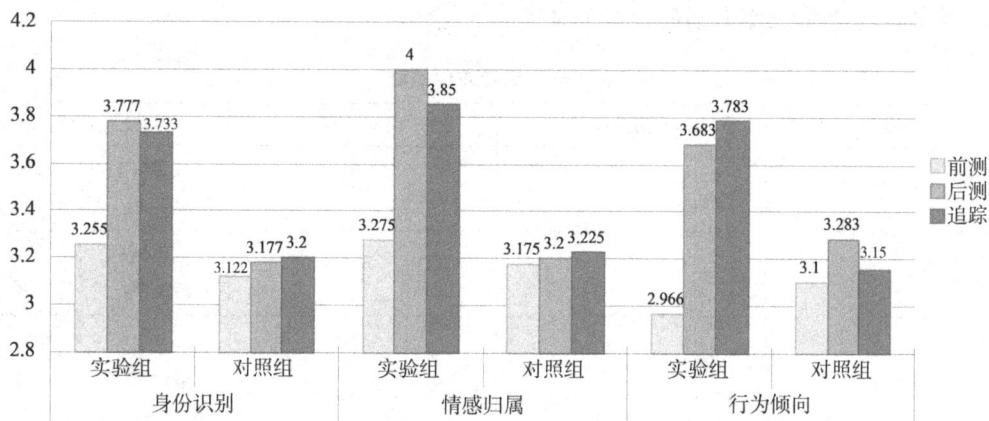

图4-7 实验组与对照组流动儿童身份认同各维度变化概况

4.4.1.3 实验组与对照组社会支持的前测、后测及三个月追踪后测的差异比较

由表4-6得知，在客观支持维度上，组别效应不显著（$p > 0.05$），时间效应和其交互

效应显著($p<0.05$)；在主观支持维度上，其组别效应不显著($p>0.05$)，时间效应和其交互效应显著($p<0.05$)；在支持利用度上，组别效应显著($p<0.05$)，时间效应和其交互效应十分显著($p<0.01$)；在社会支持总分上，其分组效应显著($p<0.05$)，时间效应和其交互效应均极其显著($p<0.001$)。

表 4-6　实验组、对组流动儿童社会支持的重复测量差异检验($M\pm SD$)

维度	分组	测量时间			F		
		前测	后测	追踪	分组效应	时间效应	交互效应
客观支持	实验组	6.20±1.429	7.300±1.418	7.20±1.337	1.921	13.000*	15.250*
	对照组	6.50±1.135	6.300±1.135	6.20±0.875			
主观支持	实验组	14.50±2.024	16.40±1.636	15.80±1.494	2.125	12.477*	16.568*
	对照组	14.80±1.825	14.90±1.699	14.90±1.776			
支持利用度	实验组	5.30±0.674	6.50±0.875	6.30±0.966	2.630*	32.067**	7.2678**
	对照组	5.40±1.135	5.60±0.122	5.50±1.475			
社会支持总分	实验组	26.00±2.097	29.50±2.108	29.30±1.955	11.341*	99.39***	74.549***
	对照组	26.50±1.563	26.30±1.429	26.40±1.549			

注：$*p<0.05$,$**p<0.01$,$***p<0.001$。

从表得知社会支持各维度及总分在组别效应和时间效应及交往效应中作用显著，需进一步进行单纯主要效果分析，由此了解其具体影响。

根据表 4-6、表 4-7 的结果并结合图 4-8、图 4-9，对实验组和对照组被试的社会支持度在前测、后测和三个月后的追踪测试中的变化分析。

表 4-7　显著效应检验

维度	分组效应	时间效应	交互效应
客观支持	—	—	后测中：实>对；实验组中：后>前，追>前
主观支持	—	—	后测中：实>对；实验组中：后>前，追>前
支持利用度	—	—	后测中：实>对；追踪测试中：实>对；实验组中：后>前，追>前
社会支持总分	—	—	后测中：实>对；追踪测试中：实>对；实验组中：后>前，追>前

注："实"代表实验组；"对"代表对照组；"前"代表前测；"后"代表后测；"追"代表追踪后测。

从表 4-5、表 4-6 和图 4-8 得知，经重复测量方差分析发现客观支持维度在测量时间和组别交互作用显著。经单纯主要效果检验可知：在前测中，实验组和对照组客观支持不存在显著性差异；后测中，实验组的客观支持维度得分显著高于对照组；在实验组中，客观支持维度的后测和追踪后测得分显著高于其前测得分。

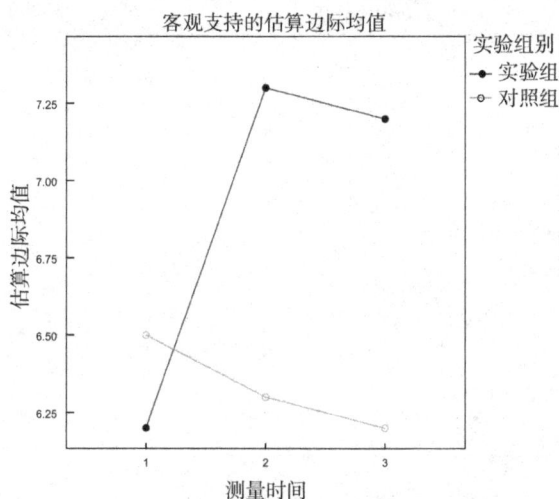

图4-8　实验组与对照组在客观支持维度上不同测试时间的得分变化

结合表4-6、表4-7和图4-9可知，经重复测量方差分析发现其主观支持维度在测量时间和组别交互作用显著。经单纯主要效果检验可知：在前测中，实验组和对照组主观支持并不存在显著性差异；在后测中，其实验组得分显著高于对照组主观支持得分；在实验组中，主观支持维度的后测和追踪后测得分显著高于其前测得分。

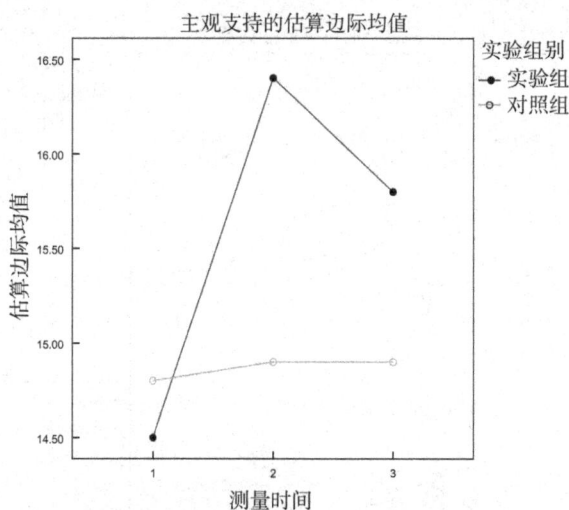

图4-9　实验组与对照组在主观支持维度上不同测试时间的得分变化

结合表4-5、表4-6和图4-10得知，经重复测量方差分析发现支持利用度在测量时间和组别交互作用显著。经单纯主要效果检验可知：在前测中，实验组和对照组支持利用度并不存在显著性差异；在后测和追踪后测中，实验组支持利用度均显著高于其对照组得分；在实验组中，支持利用度的后测和追踪后测得分显著高于其前测得分。

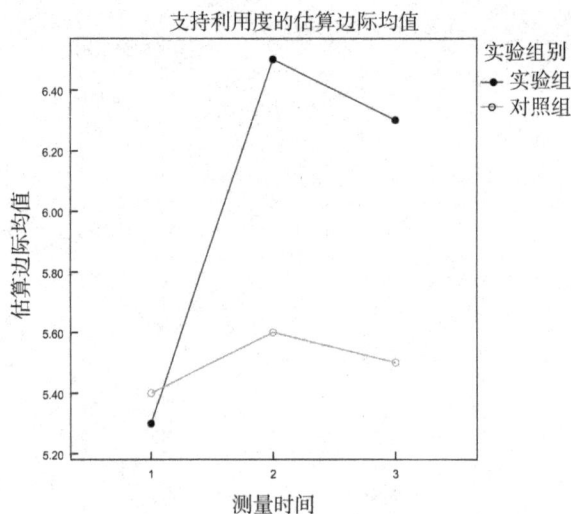

图4-10 实验组与对照组在支持利用度上不同测试时间的得分变化

结合表4-6、表4-7和图4-11可知，经重复测量方差分析发现社会支持总分在测量时间和组别交互作用显著。经单纯主要效果检验可知：在前测中，实验组和对照组社会支持总分并不存在显著性差异；在后测和追踪后测中，实验组社会支持总分均显著高于其对照组得分；后测和追踪后测，在实验组中的社会支持总分均显著高于其前测得分。

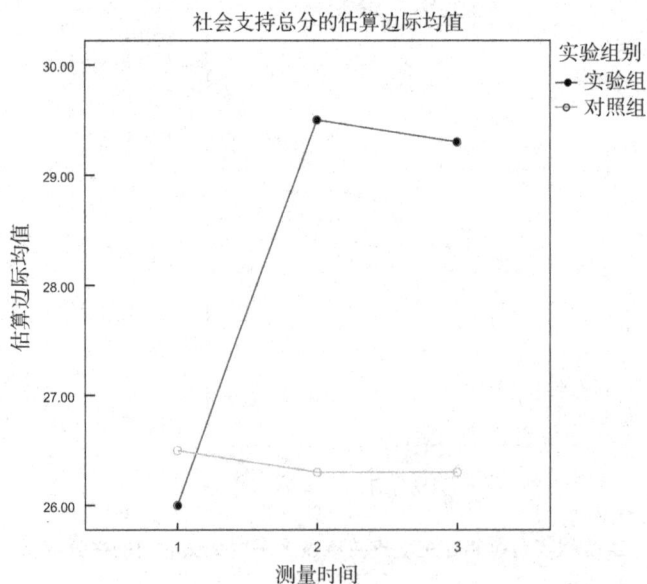

图4-11 实验组与对照组在主观支持维度上不同测试时间的得分变化

4.4.2 实验组成员对团体辅导活动的总体效果评估

在第8次团体活动结束时，请小组成员填写自编《团体活动效果整体评估》，以考察和了解小组成员对这8次团体活动的整体感受。具体见表4-8：

表4-8 团体成员对团体活动效果整体评估

项　目	非常同意	同意	不同意	非常不同意
1. 团体的氛围使我觉得舒服、温暖、有安全感	33.3%	66.7%	0	0
2. 我能在团体中敞开心扉，真诚与成员们分享自己的苦恼	44.5%	55.5%	0	0
3. 这次团体活动使我对自己有了更多的认识和了解	33.3%	55.5%	11.1%	0
4. 此次团体活动使我能更合理地处理我与当地人的关系	22.2%	55.5%	22.2%	0
5. 总的而言，我喜欢团体中所开展的活动	33.3%	66.7%	0	0
6. 我觉得领导者带领得很用心	44.5%	55.5%	0	0
7. 通过此次小组活动，让我感受到更多的关心和爱	44.5%	55.5%	0	0
8. 此次团体活动让我认识到以前我存在的一些不合理的信念	33.3%	55.5%	11.1%	0
9. 通过团体活动，我对一些成员有了更深的了解，增进了我们彼此的了解与友谊	33.3%	66.7%	0	0
10. 本次团体活动让我能更好地应对生活中的一些负性事件，通过一定的策略，积极调节自己心态	22.2%	55.5%	22.2%	0
11. 我觉得这次团体经验很有意义	33.3%	66.7%	0	0
12. 通过这次团体活动使我的生活有一定程度的改善	33.3%	55.5%	11.1%	0
13. 我觉得在活动中找到了自己的价值感	33.3%	66.7%	0	0

由表4-8可以看出，小组成员对此次团体活动总体评价较好，在整个团体活动中，小组成员感觉舒服、自在与温暖，让他们感觉到了关爱与支持。小组成员表示团体活动对他们是有意义的，认为团体心理咨询是有效的。大部分小组成员表示此次团体咨询让其更多了解与认识，认识到自己在与当地人相处时不合理信念，并愿意积极调整自己的心态。在第3、4、8、10、12题中，有少数表示"不同意"，也就是对在小组活动中的一些干预虽然在一定程度上扰动了内心，使其有一定思考，但并没有落实于实践之中，这是需要知晓的。也就表明在小组活动中，在这些方面还存在着一定不足，需进行改善。

4.4.3 团体成员反馈摘录及分析

1. 感觉很温暖

最开始参加这个团体活动是一种好奇："团体心理辅导"是什么？抱着一种看看的心态参与进来，心想要是太无聊就不参加了。最开始其实我很提防，就听别人怎么说……自己最初很有保留。我们这所学校经常换老师，所以我们也就遇到了很多老师。很多老师待了没多久，就走了。有些不错的老师离开时都说要回来看我们，可走了就再也没回来过。所以最开始对老师你也很有戒备心。

后来与老师你接触多了，我也就慢慢放开自己……你跟我们做团体辅导之余，还做志愿者老师，跟我们聊天并鼓励我们，分享以前你怎么学习。对我而言，你更像是一个姐姐。在小组活动中，你让我们明白我们每一个人都是世上独一无二的存在，每个人都有着自己独有的价值。虽然同一些人相比，我们有着一些的不足，但小组活动让我更加了解自己的一些优点。不晓得从哪个时候开始，每周参加这个活动已经成为生活的一部分；要到星期五了就会想这周的团体活动又会有些什么呢？有时候还有些盼着小组活动。一些以前不好意思说的，在小组中很自然地就讲出来了。同大家在一起分享一些东西，感觉很温暖。

PS：我这才恍然大悟，作为特殊群体的他们大多只能就读一些民办学校。然而，由于经济和条件的限制，一些民办学校老师的流动性相对较大。这种老师频繁的更替，加之生活环境等原因，他们不可避免地受到了一些伤害。因此，在团体辅导开展之初，他们的戒备与防卫意识尤为强烈。在前期调研的过程中，该所学校的环境着实让我吃惊，以便萌生了想要做些什么的想法。之后了解到该校缺英语老师后，我成为该校的一名英语志愿者老师。没想到这一举动让这群孩子看在眼里。有好几次从呈贡一连坐三个多小时的车到他们学校上课，因为晕车的原因脸色惨白，一脸病容。下课后，学生因为担心坚持给我买水，送我到车站。这让我觉得无比宽慰与感动。这个群体的孩子其实比其他群体的孩子更为敏感，因此需要我们给予他们更多的耐心、关爱与呵护。

2. 我自己可以的

以前我对自己是哪儿的人有过一些疑问，但没有细想。我老家是四川的，但是我和妹妹都是出生在昆明，一直也都待在昆明；最开始，隔一两年爸爸他们会带我们回老家。我和妹妹回老家好多人都不认识，感觉很陌生。比起老家，我和妹妹对这儿更熟。现在也想不起有多久没回家。而在这儿，昆明人都觉得我是外地的。跟我们要得好的，也都是跟我差不多的外地打工的娃儿。我父母他们是收垃圾的，以前还小，也没有在意那么多。现在大了，有些很现实的东西就……下学期，因为学籍问题我回老家读书。这边读的话我们都不可以参加中考。而有的学校招收我们这样的学生并可以在这边考试，但那个学费太贵了，以我们家的条件根本就负担不起。所以下学期我一个人回老家读书，爸爸他们还在这边，等放假的时候我再回来。老家的话爷爷奶奶已经不在了，爸妈他们只好把我托付给一个亲戚偶尔来照看我一下，可他们却还是不太放心。但不想让他们操心，我总说自己一个人没有问题，自己也能照顾好自己。其实我内心深处还是有点儿……毕竟我对"老家"真的很陌生。但是没有办法，我自己必须要……我也担心我回老家后，谁给爸妈他们做饭、洗衣服，妹妹还太小。以前的话也许会觉得好不公平，为什么我就不能在这边上学。现在倒是能很平和地接受。就像在小组活动中通过"你也在井里吗"所学到的：在我们的人生中总会遇到这样或那样的困难，它不过以不同的形式出现而已。而我的人生只不过遇到了这样形式的困难而已。所以，我也不再纠结为什么……而是把这些也当作是对我的一种考验。其实想想也是，假如我从小就在老家那边，那我可能就会遇到其他方面的问题。所以，我觉得我回家的话自己一个人是可以的。

PS：他是个被生活过早催化而成熟的孩子。在生活中总是什么事都选择自己处理、默默扛着。在小组活动中了解到，放学后他就回去洗衣服、做饭、带妹妹。在父母忙不过来时他甚至还要去帮父母把垃圾分类，上垃圾，拉垃圾去卖等。在他身上，你总能看到与他年龄不符的"担当"。所以在面临自己一个人回老家时，他一如既往地选择扛着，不让父母操心，相反他更担心父母。这是个懂事得让人心疼的孩子。

他或许是这类群体孩子的缩影。从小就生活在这座城市，比起老家，其实他对这座城市有着更多的回忆与情怀。由于学籍问题，他无法避免地要回到自己的老家，而那个"家乡"对他而言太过于陌生。在老家人眼里或许他也成为"外地人"，而在这座城市他也同样被这儿的人视为"他乡人"，无法被完全接纳。所幸的是，他记住了在小组活动中"枯井故事"的总结：在生活中我们不可避免地会遇到各式各样"枯井"，然而从"枯井"中走出来最好的办法是，将"泥沙"抖落掉，然后站在上面。生命中总会有这样或那样的困难接踵而至，而你们的困难或许刚好以这样的载体形式而呈现；当它出现时，把它看作是命运对自己的考验，勇敢地面对它。而我想或许这个孩子从小的"担当"才使得他把这些记在了心里。而对于这一类的孩子又还有什么办法能帮助他们呢？

3. 纠结的释放

说实话，我在之前一直是这样打算的：这学期结束之后，就在昆明找事情做。读书没什么意思，自己每天来这儿只是混天过日子。反倒是早点上班就早点挣钱。以前在老家时成绩还不错，那会儿父母不放心把那么小的我留在家，所以又把我接到这边读书。

上三年级那会儿，爷爷那年病重，查出来是癌症，我们家根本就没什么钱，所以没怎么治就回家了。以前父母在外打工时，都是爷爷在照顾我。后来我们全家都回去照顾他，守着爷爷离开。这件事对爸爸的打击很大，爷爷走了一年后，爸爸他们才又带着我回昆明打工。不知什么时候开始，我的成绩也就跟不上……最开始很在意，可后来就麻木了。成绩好的同学在小学或初一就转回老家读书，虽然自己不想承认，但像我们继续留在这儿读书的大多是成绩不好的。大家都一个样，不必做无谓的挣扎……本来还想更早点去上班，可父母说要出去打工至少得有个初中文凭。小时候那会儿，他们一直对我说要好好读书，不要像他们一样打工受气。可是我成绩一直就不太好，他们也就没再说那些话。只是说让我至少把初中读完。过去常常用一种不屑的方式觉得像他们一样没什么大不了。我的很多亲戚不都是像我父母那样在外地打工吗？我要有钱了，我也能像这些在昆明的人一样生活。

相较读书而言，我觉得去工作更适合。我希望老师不要认为我的意思是团辅对我没有任何作用，不是。在这整个活动中，我学到了很多，至少让我更清楚地认识自己。在小组活动的分享中，我坦承了自己刻意不去理会，回避的一些问题。这在之前是我从未这样的，那件事一直让我无法释怀，所以我也不愿与人提起，但分享之后似乎好一些了。我想说不管今后我选择继续读书还是去工作，我会把我遇到的一些问题当作是对我的一种考验，活出自己……

PS：这是个随时准备放弃读书，想要尽快进入社会赚钱的孩子。从他的身上，隐约透露出一种对金钱过于执着的追求。在团体分享中才发现，原来这个孩子受过太多因为钱而引发的"伤痛"。父母曾一度在他身上投放了太多的希望。然而从小跟随父母的打工踪迹而四处辗转漂泊的他，求学征途上的步伐对于他而言似乎尤为沉重。想要过早进入社会赚钱其实是他对于现实的无奈妥协，更是他寻求自我的一种方式。

4. 一些事情有了改观

参加这个团体之后，有很多组员都对我说，在之前一直都觉得我是一个很"冷"的人，在团体活动的后面他们才发现原来不是。我也不知自己是什么时候成这样的。父母他们在这边打工真的很辛苦，虽然收入比在家好，但真的太累了，而且在这儿有时还会受到别人的白眼。因为他们是在这儿做搬运的，身上难免脏兮兮的，在夏天时身上不免就有汗水臭烘烘的味道……记得有一次，上小学时，爸爸那天上了两大车的货后，筋疲力尽的他买了菜接我一起坐公交回家，在公交车上有人用一脸嫌弃的眼神盯着我们。有人干脆起身坐到其他地方去，爸爸那会儿感觉很尴尬，而我当时则有种很想哭的感觉……我时常会想起那天的场景，所以对这儿的人我一直都很刻意保持着距离，对同学他们也是。显得拒人于千里之外……因为我不想再因为这样的事情而再受到……

其实最开始，我同以前一样。在小组活动中或许是因为我们大家都有着相似的经历，也或许是老师和同学都很坦诚的原因，我也说不清楚是什么……我才在小组活动的后面慢慢开始融入这个团体……我不清楚别人觉得我是发生了怎样的改变，但我觉得我的确有了一些变化。我记得邓老师跟我们说：不要一直纠结于过往的一些事情不放，这样往往只会让自己更辛苦；尝试着换个角度看问题，说不定会发现一个新世界。所以我试着这样做了，不能说所有事情有变化，但对有些事情有了改观。所以慢慢地我也放开了自己，能融入其中。我也很高兴通过这样的方式认识这么多的同学，也让他们能更多地了解我。

PS：笔者这才发现，这个一直"拒人于千里之外"的孩子，原来只是用自己冷漠的外表，来保护自己那颗易受伤害的心。她佯装不在意，假装不在乎，其实却比谁都敏感，都脆弱。而这样的孩子又还有多少呢？又有谁真正了解过他们的真实想法？这样的孩子其实比谁都想要融入城市这个群体，然而现实和伤痛的记忆无疑在她的内心深处矗立着一道高不可攀的墙。而小组活动中大家的真诚与理解，为她营造了一个相对安全而舒适的环境。所以，她才能在团体中一点点的释放自己，摘下那张防卫的面具。然而，社会又能否为她营造这样包容与理解的环境氛围呢？

4.4.4　过程评估

心理变化是一个内隐且缓慢的过程，需要通过小组成员的外显行为变化而进行评估。在干预的过程中，通过观察小组成员对团体活动参与的积极性、主动性、自我开放程度及对小组成员意见的接纳程度来记录其在小组活动中的心路历程。详见表4-9：

表4-9　团体辅导过程记录分析

活动阶段	团体氛围及成员行为
Unit 1	小组组员大多抱着好奇的心态参加，对活动的目标并不明确；虽然在前期组员招募时对本次团体活动进行了介绍，但组员并不清楚具体是做什么的。在进行自我介绍时不好意思，少数组员羞涩，声音小。在开展小组活动时，多数组员较为拘谨，放不开。个别组员谈及个人问题时很犹豫、欲言又止。在提问时有冷场的现象，对组员及辅导老师不信任
Unit 2	鉴于第一次活动的铺垫，第二次活动在讨论环节中紧张与拘谨的状况有所缓解，但部分性格内向的成员在小组活动中发言较少，对小组活动持观望的态度。少数人在分享自己作为外地人的一些看法时，回答过于形式与教条，没有袒露真实想法
Unit 3	伴随小组热身活动的展开，团体慢慢地进到了一个很轻松舒服的氛围，成员彼此更为熟悉与信任。在成员分享父母在打工中的悲惨遭遇流泪时，其他组员主动给予安慰，有的也主动诉说自己父母工作的艰辛和对作为外地人在此生活遇到的一些负面事件表达共鸣。之前性格较为内向的部分组员，也开始表述自己的一些境况与想法
Unit 4	小组成员主动参与，在"价值大拍卖"环节中达到高潮，组员能够踊跃参加，积极竞拍。在分享为何做出这样的竞拍时，小组成员能主动阐述自己的缘由，延伸了很多自己对于将来的一些构想与假设。之前组员那种观望的态度，基本消除，成员们积极投入
Unit 5	开始部分小组成员讲述了自己在城市生活遇到到一些困难和挫折，引起了其他成员的共鸣；在命运纸牌环节中，成员的情绪高涨。成员纷纷分享了：假如我的生活不是现在这样，而是另外那样……谈论之后，再对在老家和城市的对自己感触最深的一些具体事件的分享

活动阶段	团体氛围及成员行为
Unit 6	在小组活动中小组成员分享在城市的真实生活事件时候；其他小组成员能够结合自己实际积极思考，并说出假如自己遇到这样的实际情境会有怎样的困惑；大家能够将前面团体活动所学与生活相结合，解决实际问题，做出相应的行为。成员之间彼此接纳，相处融洽
Unit 7	组员能够主动分享自己在平时在与当地人交流过程中的一些场景，说出自己的顾忌与心结。也袒露有时自己的行为或许是受自己自尊心的驱使，并不是真的那样。成员之间彼此肯定、鼓励、给予建议；成员之间友好、亲切、气氛和谐
Unit 8	小组成员一致表示很高兴通过这次团体活动结识大家，真心分享在小组活动中的成长与收获。认真写下对组员想说的鼓励、感谢与祝福。温暖送别

以上是该团体在整个团体心理辅导期间团体成员行为及团体气氛的总体变化概况；从以上八次活动历程，观察小组成员的变化可以看出，虽然小组成员不是一下子就有很大的改善，但小组成员在活动中一点点敞开心扉，一点点融入群体，一点点释放自己，一点点把自己的信任交给彼此；也就在这样的一点点中，小组成员才得以不断探索自己、认识自己与了解自己，从而找到最适宜的自己。

4.5 分析与讨论

4.5.1 对干预内容的讨论

团体心理辅导干预效果是否有效与其干预内容是否具有针对性、是否得当密切相关。本次干预的对象为有着相似经历的流动儿童，这在一定程度上保证团体成员具有相对较高的同质性。在研究开展之前，笔者再次查阅了流动儿童的相关文献，进一步巩固身份认同的相关知识理论体系。针对流动儿童身份认同的干预主要围绕前期访谈、第2~3章的调查结果以及笔者在农民子弟工学校做志愿者老师时，与该群体接触发现的实际境况与需求，在遵循发展性团体心理辅导原则的基础上，以完善和促进其自我成长为导向进而设计该团体辅导方案。

第一，在身份识别维度上，围绕该维度，主要设计了"魔镜魔镜告诉我"和"遇见未知的自己"两个单元。对于自身身份的识别无疑在其整个身份认同的建构中扮演着极其重要的角色。无论现实是怎样，无论我们是谁，面对生活中各种接踵而来的困难和挫折是我们每个人的必修课。然而，面对同样的客观事实，不同的认知会导致不同的情绪和行为的产生。作为一名农民工子女的现实是无法改变的，首先应该让该群体在学会接受这一事实的基础上去调整认知。不要把生命中的若干困境都聚焦于自身的身份，应学会做合理和理性的分析。让小组成员认识自己的认知特点，找寻自己的认知盲点，从而客观科学地认识自己。使之明白每个人都是世界独一无二的存在，拥有着与生俱来的才能。在此基础上挑战不合理的信念，用积极与合理的信念去取代，增强其自信心。而如何把在小组活动中得到的正确积极体验实施于实际生活中，是本次团体活动的难点和意义所在。因此，在每个单元的小组活动结束时，都会布置相应的家庭作业，督促小组成员把活动中的收获及时强化。而为了进一步保障其强化的质量，在下次活动开展之前会针对上一单元的活动进行分享。这在一定程度上有利于小组成员将在小组活动中的积极认知转化为惯性思维，使其能在实际生活中发挥着积极的作用，避免在小组活动结束后，遇到困难又反弹回原来的思维模式。

第二，在情感归属维度上，笔者设计了"向左走，向右走"和"选择的奥秘"单元。在各单元中又穿插着相应的活动，旨在引导小组成员通过内省从而外射。在"我的 VIT"，"价值大拍卖"和"My Corner"的活动中，引导组员更加深入地探讨和认识自己。精神分析认为，一个人与别人的交往及相应的情感取决于自己如何审视内心关系而做的向外投射。通过上述活动，使学生了解到内心不同的价值风帆，会赋予我们不同的"有色眼镜"。如果你内心是积极正面的价值风帆在引领，那么你会看到阳光、蓝天与沙滩，反之则是黑暗与狂风骤雨。引导小组成员学会内修，学会欣赏并接纳自己；如果连自己都拒绝与排斥自己，那又怎样被他人所认可和接纳呢？同样在认识和了解自己的基础上，学会正确地认识其他群体的人。而"我的生命线"和"命运纸牌"的环节，使小组成员对自己的生活进行纵向和横向的回溯，鼓励小组成员反思生命的轨迹其实是在自己的手里，得凭借着自己的力量去创造，而不是倚靠他人，或奢望其他人能改写自己生命印记。过去的一些挫折只是漫长生命历程的一小段，用那些挫折当作奠基石去谱写更加美好的生活蓝图。

第三，在行为导向维度上，设计了"当困惑降临的时候"和"我的人生我做主"单元。在这些单元中，因为小组经过前期的相互磨合与了解，因此小组成员能够在轻松、舒适与真诚的团体氛围中，把一些在情感、行为和现实生活中难以启齿或不能直接表达的不满、愤恨和嫉妒等宣泄出来。而在这些环节暴露出的问题，可以使个体学会怎样排解自己的情绪，再遇到此类问题该如何处理，而在这些类似的情境中如何面对，由此提高自己的应对能力，提升生活质量。例：通过角色扮演，引导成员相互倾诉，形成共鸣，结合自己的亲身经历，提出合理的意见。在小组成员彼此了解的过程中，使成员能更加明晰自己的认知盲点和处理问题及情绪的习惯模式。引导其对不合理的信念进行纠正。通过"生命透视"和问卷调查了解到，流动儿童该群体在社会支持上比较薄弱。

身份是帮助社会快速认识个体的工具，而非成为限制个体发展的桎梏●。流动儿童在城镇化的过程中，其身份认同的过程是社会融入的必经历程，是异质的个体与新文化环境互动中获得的新身份的认同感和归属感。因此，除了破解身份的烙印、主动接近社会、了解社会和融入社会是帮助每一位流动儿童应有的导向。而不同的是所追求的流动儿童社会融入的最终状态，即流动儿童在融入社会的过程中，既保持认同原区域文化特点、不丢失自身文化传承，又能包容接纳多元的"他文化"，适应多样性的社会。因此，在活动中引导小组成员学会寻求支持和帮助，鼓励用积极坦然的态度面对问题。

4.5.2 对干预效果的讨论

4.5.2.1 量表结果的评估

1. 流动儿童身份认同

由表4-3并结合图4-5得知：把实验组和对照组的前测、后测和三个月后的追踪后测的结果，进行重复测量方差分析发现：本次团体心理辅导对流动儿童身份认同的改善是有效的。在正式进行干预以前，分别对实验组和对照组的流动儿童的身份认同状况进行测验，结果显示实验组和对照组的流动儿童在身份认同各维度及总分并不存在显著性差异，说明实验组和对照组的小组成员均属于同质性的被试。

在经过八次团体心理辅导之后，进行后测和三个月后的追踪测验发现，实验组后测的得分明显高于前测，追踪测试的得分部分有所回落；这可能是因为在团体心理辅导刚刚结束，其成员受到团体活动中影响较为明显；在团体辅导结束后，小组成员可能在日常学习及生活中又遇到一些问题，故在追踪后测时得分有所降低。而对照组没有进行干预，因此其得分相对稳定。

经过重复测量方差分析，在身份识别维度上，其分组主效应和时间主效应显著；在情感归属维度上，其分组主效应、时间效应和组别效应均显著；行为倾向维度和身份认同总分，其分组主效应、时间主效应及交互效应十分显著；而在实验期间，对照组并未进行任何干预，后测发现其流动儿童身份认同各维度及总分有变化，但均不存在显著性差异；这说明本次团体心理咨询干预对实验组成员身份识别、情感归属和行为倾向维度及身份认同的总体概况确实起到了积极的作用。

2. 社会支持评定

从表4-6和表4-7可知，实验组和对照度组SSRS的各维度及总分均呈逐渐上升再下

● 杨茂庆，赵红艳，邓晓莉. 流动儿童城市社会融入现状及对策研究-以贵州D市为例[J]. 教育学术月刊，2021（10）：68-74.

降的趋势。对照组其 SSRS 得分相对稳定，而实验组的 SSRS 得分波动的幅度较大，且要高于相应的对照组得分。这说明，其干预一定程度对被试的社会支持有所影响。干预让其感受到来自社会、他人的支持，并相应地学习了支持利用度，如何寻求支持等，从而使得该群体社会支持水平有所提高。这也再一次印证了身份认同与社会支持的关系。借助社会支持的变化趋势，进而推导身份认同的变化。

4.5.2.2 过程评估

本研究对此次团体心理辅导进行了过程评估，该研究部分由观察员对每一次团体心理辅导进行观察和记录，最后由笔者进行归纳总结。在每次团体辅导结束后，请每位小组成员填写团体心理辅导的心得体会，并谈谈自己在小组活动中的收获及对小组活动的建议。

从 1~4 单元的观察记录的结果一方面呈现了小组成员在各单元活动的参与程度，另一方面也给领导者一些启示：流动儿童作为城市"特殊的旅居者"，其特殊的成长经历和背景使得这个群体的孩子更为敏感，自我防卫意识较强；因此在团体辅导活动前期，小组成员在一定程度上参与团体活动，但那种参与带有一定意义的"形式化"，他们仍有很强的戒备心。部分成员大多持一种观望与等待的态度，也就是静候周围人的反应，再决定给予怎样的反馈。他们首先得确认这个群体是否真的安全与值得信赖。这个群体的孩子建立信任感相对较慢，因此面对该群体的孩子需要投入更多的关爱与耐心，要给予他们更多的时间。在带领团体时，领导者应根据小组成员不同的性格特征，进行特别的引导；在设计活动方案时，应更具针对性，由此协助小组成员从中得到成长与进步。

从团体观察记录来看，团体在慢慢发生着变化：从最开始的拘谨、放不开、不好意思、男生派女生派、不信任，到后来的随意、舒服、和谐与融洽；团体中部分成员由最初的好奇地观望，到最后的积极参与；团体的有些成员在最初很拘束，在团队中发言较少（或被动发言），喜欢聆听别人讲，但不愿意分享自己看法与感受；在团体辅导的后面几次活动中，有的成员渐渐地能与其他成员分享自己的想法，一点点放开自己；在团体活动中，为了营造团体气氛，打破沉默，因此穿插了相应的游戏活动。在活动之后，请小组成员分享他们的观点与感受。在分享、交流过程中，成员们得以相互了解并形成了良好的凝聚力。在小组活动结束时，小组成员大多表示对活动的不舍，意犹未尽；很开心通过这样的机会能更好地认识彼此，真心给予彼此祝福。在团体活动结束，笔者对小组活动的每一位成员进行了电话追踪评估，了解现在他们对于在这儿和老家的看法。有的成员表示，现在不像以前那样那么较真和在意，心态比以前变好了。从整个团体辅导的过程来看，此次团体心理辅导基本达到了预期目的，因此，该团体心理辅导是有效的。

4.6 小结

本研究结果表明：团体心理辅导对于改善流动儿童身份认同水平是有效的。

▶ 5

流动儿童社会融合的概念与理论框架

〜〜〜〜〜〜〜〜〜〜〜〜〜〜〜〜〜〜〜〜〜〜〜〜〜〜〜〜

　　社会融合问题已经成为人口学界、社会学、心理学等关于人口迁移研究的一个重要组成部分。但"社会融合"的称谓、概念的界定及其操作化定义等在各个学科之间、各个研究之间都有很大的差异。以称谓而言，有"社会适应""社会整合""社会融入"等，正如流动人口与农民工的称谓一样。这种多个称谓也正反映了"社会融合"是一个动态的、多维度的、互动的概念，"是一个综合而有挑战性的概念，而不仅仅具有一个维度或意义"。

　　尽管国内已经有许多学者尝试着厘清概念，但一来对于"社会融合"概念的界定众说纷纭，二来所有概念与框架针对的都是成年的流动人口，而并未考虑到儿童自身的特征。通常而言，童年或青少年时代的迁移与流动在迁移之时具有破坏性和不利的特征，从而会影响到他们在青少年时代的社会融合，乃至于今后的发展。因此，本章将首先界定"社会融合"的概念，在比较各种操作化定义的基础上，结合本次调查的具体问题，给出本研究的操作化定义，进而构建社会融合指数❶，为后续分析奠定基础。

---

❶ 有批评意见指出，社会融合的各维度具有不同的含义，因此，将不同维度合并成一个指标并不合适。笔者同意这个批评意见，不同维度表示着社会融合的不同程度与阶段，其操作化定义及影响因素各不相同。但是，一方面，用一个指标来描述的综合性要强于多个指标；另一方面也是更为关键的是：综合成一个指数后可以将社会融合作为儿童发展中与学业成就、心理健康等类似的一个维度，以作为今后进一步分析的基础。且连续变量可以适用于多种不同的分析方法（如 SEM、HLM、HTE 等）。因此，综合构建一个社会融合指标是有意义的。

5.1 社会融合的概念

5.1.1 社会融合的概念界定

许多研究文献在归纳总结"社会融合"理论渊源时认为，在众多流派中，主要有"融合论"(assimilation)(亦称"同化论")、"多元文化论"(pluralism or multiculturalism)和"区隔融合论"(segmented assimilation)。而且已有文献对上述理论作了详细的论述。但是国外社会融合研究的定义、内容、操作化指标等是否适用于我国实际情况则是需要加以讨论的问题。

经济学界在讨论"社会融合"时更多是从经济收入，即迁移人口(或流动人口)的经济收入与迁入地人口的经济收入之间的差异来测量的。当移民与本地居民的经济收入基本相等时即表示他们社会融合的状况较好。而心理学界对社会融合的研究(多数文献使用的是社会适应 social adaption)则是根据其心理状况(psychological status，如抑郁感等)和社会行为(social behavior)及其调整来衡量的，如 Ward 等人的一系列研究。社会学或人口学对社会融合的定义则或偏重于社会文化适应与接纳，或偏重于社会互动，或偏重于社会流动，或偏重于社会融合所带来的后果(outcomes)。如经典融合理论将融合看成是移民逐步融入美国中产阶级的过程。Alba 和 Nee 则将社会融合定义为"界限的跨越、界限的模糊、界限的重构"。然而上述两种社会学视角下的定义都并不完全适合于中国的实际国情。前一定义中所指的中产阶级(包括中产阶级的文化、生活方式、法律制度等)在中国并未真正地形成；而后一种源自于多种族、多文化的移民社会研究的定义同样也并不适用于当前我国的情况，尽管我国也是一个多民族、多文化的社会。但是由于户籍制度的存在，制度本身就已经规定了流动人口与本地居民之间的社会界限，这种界限的消除还有待时日。

同时，二代移民问题研究则更多地关注于其福祉(well-being)。从研究目的来看，国外(特别是美国)社会学主要是从社会分层或种族的角度来看社会融合问题，因此，他们更关注以移民的福祉为代表的各种结果(outcomes of assimilation)，如教育获得问题、心理状况问题、问题行为等，进而讨论移民在社会分层中向上还是向下流动等，即社会融合对于社会分层的影响作用。而对于社会融合本身的讨论，即怎样才能算是融合，或者是，用哪些指标可以表示社会融合的程度却并不多或不全面。正如 Greenman 和 Xie 指出的，大部分研究仅用了表示社会融合程度的一个或几个指标，而并不是全部的指标。

国内对于社会融合的定义也反映了"多元化"的现象。任远、邬民乐认为"社会融合"是个体和个体之间、不同群体之间或不同文化之间互相配合、互相适应的过程，并以构筑良性和谐的社会为目标；杨菊华则强调流动人口的"社会融入"，认为社会融入比融合更适用于形容城乡流动人口在城市的适应过程及结果，从隔离、选择性融入到融合是多方面、多层面因素综合作用的结果；有些学者则认为，"社会融合"不同于社会适应（Social Adaptation）、文化适应（Acculturation）或社会同化（Naturalization），社会融合除了强调移民在语言、文化、行为方式及社会观念上的调整与适应，还更强调移民在适应过程中能够摆脱边缘地位，"整合"和"融合"到当地社会，与当地居民进行充分而深入的社会互动，并能彼此接受和尊重，形成和谐的社会关系，找到共同归属感。

尽管社会融合的概念一直以来都是作为对弱势群体的社会学关怀而提出的，但是从迁入地角度来看，融合是不同文化之间接触的最终目标。经济收入是决定社会融合状况的基础，但并不是全部；偏重于任何一个"社会融合"因素或过程的定义亦都未能真正地反映"社会融合"的真实含义。因此，本研究对社会融合的定义即为：迁入人口在迁入地逐步接受与适应迁入地的社会文化，以此构建良性的互动交往，并最终达致相互认可、相互"渗透、交融、互惠、互补"。

5.1.2　概念的解析

在构建与理解这一定义时需要注意以下几点：

其一，"社会融合"包括了从居住、适应、认同到互动交往的一系列过程，而并不仅仅是简单的一个维度，或者一个结果。

其二，"社会融合"绝不仅仅包括经济平等或文化认同等单个方面，而且包括社会适应、结构认同与身份认同等多个组成部分。

其三，"社会融合"并不仅仅是单向的融入，而更应该是双向的，既是迁入人口的融入，又是迁入地居民对他们的接纳，正如《国际迁移与发展报告》所述，融入社会的基石是平等待遇和禁止任何形式的歧视。

其四，社会融合的结果可能是多种形式的，既可能是同化，也可能是区隔同化；其结果总是处于从完全独立到完全融合的一条直线的某一点上。

5.2　研究综述

已有大量有关流动人口（或农民工）社会融合研究的文献综述，为本研究提供了很好的研究基础，尽管各研究的侧重点不尽相同。但本研究仍有必要归纳总结目前国际上有关移民社会融合问题的研究，讨论各理论可能存在的问题，并重新梳理我国的相关研究，以作为本研究后续工作的基础。

5.2.1　国外相关研究的综述

尽管上文中提到了，在归纳总结"社会融合"理论渊源时认为，众多流派中有代表性的理论为"融合论或同化论""多元文化论""区隔融合论"等，但如果从社会分层与流动的角度来看，则主要理论就只有两大类：其一是传统的社会融合理论；其二则是非传统的社会融合理论。前者是由 Park、Park 和 Burgess 等提出，并经 Milton Gordon 发展的经典社会融合理论（Carional Assimilation Theory）。他们认为移民在迁入地将以"中产阶级"（Middle Class）或"主流社会"（Main Stream of American Society）为目标而融入迁入地社会中。而后者则包括了多元文化论、区隔融合论、空间（或居住）融合论等。这样分类的根本理由是：传统的社会融合理论认为移民是向中产阶级的融合过程；而后者则强调融合的结果可能是多元化的，而并不一定是以"中产阶级"为标准。

以下我们先总结传统的社会融合理论及其最新进展，然后来看非传统的社会融合理论，最后再来讨论这些融合理论可能存在的问题及其对中国的适用性问题。

5.2.1.1　传统的社会融合理论

由 Park、Park 和 Burgess 等提出，并经 Gordon 发展的经典社会融合理论认为，移民在迁入地将以"中产阶级"或"主流社会"为目标而融入迁入地社会中。

在移民问题的研究过程中，Park 已经认识到由于"移民发觉过往的人际网络、社会资本等大多消失，新的网络尚未建立，且语言、生活习惯等与流入地的主流社会存在明显差异，出现边缘化现象，产生无所归依的心理"。这种边缘化现象也就是隔离现象，影响参与的机会，阻碍融合的发生。尽管此后亦有不少研究涉及社会融合，如 Warner & Srole 及 Wirth 等，但是戈登（Milton Gordon）在研究美国的族群融合问题时，所提出的社会融合这一概念是理解与描述个体与族群、不同的代际在融入主流社会过程中的最佳途径。他提出7个层面来综合测量移民的文化适应与社会融合（Social and cultural integration into the social main stream）：①文化或行为的同化（Acculturation）。事实上，文化同化并不仅仅是英语语言的问题，而且包括了情绪表达与个人的价值观。②社会结构的相互渗入或融合（Structural Assimilation，指与本地小圈子之间的交往）。如果结构融合了，那么前者的文化同化也就自然而然地形成了。而且，结构融合是融合进程成熟度的重要指标。③族群间通婚（Amalgamation）。④族群意识或身份认同的融合（Identificatiori assimilation）。⑤意识中族群偏见的消除（Absence of prejudice）。⑥族群间经济、就业、教育等领域歧视行为的消除（Absence of discrimination）。⑦公共事务的融合（Civic assimilation）。

但对戈登融合理论的批评者则指出了其中几个方面的问题：其一，在文化融合方面，该理论是相对静止的，而且具有较强的同质性。其二，在结构同化方面，存在着这种结构同化的适用层次问题，即适用于个体层次，还是群体层次。因为个体层次融合以后，群体之间的歧视或偏见仍然是存在的。其三，仍然是在结构同化方面，戈登是从两个种族的角度来考虑的，但现在的美国社会却是多种族国家。因此，这种由二元民族现状产生的理论是否仍然适用于多元民族，这一点需要予以考察。其四，职业与经济是社会经济融合的主要维度，但它并没有被戈登所强调。

John Goldlust 和 Anthony H. Richmond 在《移民适应的多元模型研究》一文中全面系统地分析了可能影响移民与迁入地适应的各种因素（图 5-1）。该模型假设移民群体是异质的，其适应过程受移民的各种个人特征和所处环境所影响。同样，迁入地也是异质的、不断变化的。移民前后的技术、人口、经济、文化和社会力量的相互影响，使得移民与迁入地之间不可避免地会出现多种适应类型和社会模式。由此适应的指标也是多样的，主要分为七大类，涵盖客观和主观两个方面，其中客观层面主要包括经济、文化、社会、政治四类，主观层面指社会心理层面，涉及认同、主观内化和满意度三类。具体指标内涵：经济——所从事的行业和职业，收入以及消费；文化——语言的学习，移民和接受地之间文化产品和文化象征性的互换，从饮食习惯的转变到宗教或道德信念的转变；社会——初级关系的形成，以及各类正式组织中的参与度；政治——选举权和被选举权的获得和有效执行，以及代表移民和民族少数群体特殊利益的组织形成；主观方面主要指自我意识的转变，对接受地态度和价值的接受与内化，对移民后生活的满意程度。客观和主观的适应程度并非必然一致，其各自影响因素也未必完全相同。该文总结了各个可能的影响因素，既包括移民个体特征也包括接受地环境因素。个体特征中最重要的因素是其教育水平和所掌握的技能，其次还包括移民前城市化水平（如从乡村移入城市，不仅意味着适应一种环境，还意

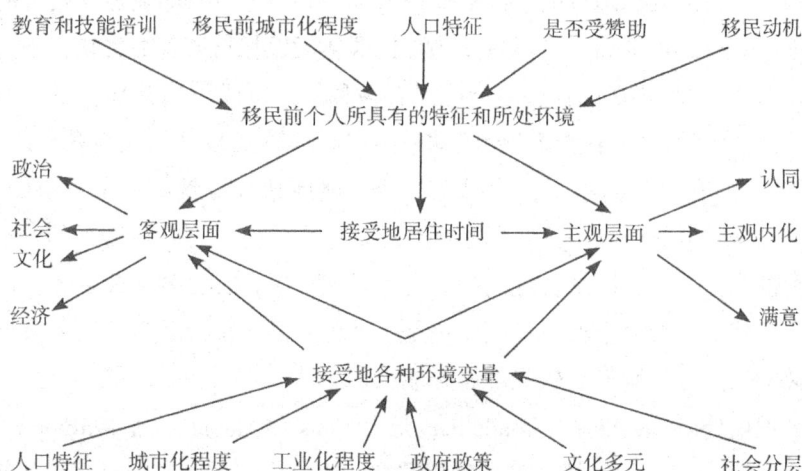

图 5-1　Goldlust 和 Richmond 的多元模型

味着生活方式的转变），另外还包括移民动机以及人口学因素，如年龄、性别、婚姻状况、家庭结构等。从迁入地各种环境因素来看，影响移民适应的因素有迁入地的人口特征、城市化程度、工业化程度、政府对待移民的政策、文化是否多元以及社会分层结构等。在接受地居住时间长短是不同于移民前个体特征和接受地环境因素的一个独立变量，与二者交互作用，影响移民适应的不同主观和客观模式。

上述几项研究应该被认为是传统的早期研究。近些年来，有许多研究注意到了二代移民或新移民的社会福祉状况。但面对着新一轮的移民潮，特别是这一轮移民潮的人口结构是以拉丁裔和亚裔人口为主，而不再是以欧洲白人及其后裔为主，在解释他们的社会融合状况时，上述传统的社会融合理论受到了一定的怀疑和挑战。Gans 认为社会融入与移民较差的社会后果有关；Harris 等则认为融入状况与早期或危险的性行为有关，并且与青少年的越轨行为或本质上的恶习等有关；Rumbaut 曾利用已有研究说明社会融合对成人教育成就存在着潜在的不利影响。甚至有学者提出这样的问题：经典的社会融合理论是否已经死亡（无效）？其后对此的讨论一直在继续。目前美国移民的社会融合研究在肯定与继承传统（或经典）社会融合理论的同时，不断接纳其他的理论。因为"结果表明，社会融合对于移民的作用是正向的，还是负向的，想要得到这个问题的答案显然是天真的。这一点并不是反对传统的社会融合理论。相反，我们认为移民的社会融合对不同的社会后果有不同的作用。这一解释与传统社会融合的概念化过程是一致的，即强调各群人之间的差异逐步消除的过程，而不是一条简单的提高或改善社会结果的轨迹。"

5.2.1.2 非传统的社会融合理论

多元文化论强调的是各种族或移民群体可以保持自身的文化特征，而且最初的目的是为了对抗长期以来占据统治地位的、以欧裔白人为中心的、具有明显种族歧视的同化论。

区隔理论（segmented theory）则不仅认为移民群体可以保持自身的文化特征（迁出地/迁出国的文化背景），而且移民的社会融合可以有多种结果：既可以是向上的社会流动，也可以是向下的社会流动；而且这种社会流动的结果既与移民自身的社会融合起点（或其自身的社会经济地位）有较强的联系，同时也与迁入地社会本身就是一个分层的社会有关。需要强调的一点是，区隔融合理论"强调个体人文和社会资本与宏观场景的互动，提出多种融合路径和模式，是对传统融合理论的补充和发展；保存自己的文化并不意味着不愿融合到主流社会；相反，融合于城市贫困文化是一种无奈的选择。"该理论对华商与韩裔等人群在美国社会中的融合过程具有较强的解释能力。

直线融合理论（Straight-Line Assimilation）是由 Gans 和 Sandberg 在 Warner 和 Srole 的基础上提出的。它将"动态发展"概念加入到了戈登的理论中，认为每一个新生代都会比其父代更好地融入到迁入地社会中，即更进一步地离开种族的底层、离开由移民建立的社区与文化，并向完全的融入更进一步。但对此不同意见则认为：种族划分是会随着时间而重新构建的。为此，Gans 将其模型修订为"种族划分的曲线理论"，即族群划分的代际动态是存在的，且它会朝着融合的一般方向去发展。

空间（区域）融合是由 Douglas Massey 于 1985 年提出，并于其后逐步完善。该理论认为，移民刚进入迁入地居住时一般都会先选择居住在移民社区，特别是来自于同一地区或国家的群体性社区中；然后"当移民开始体会到向上的社会流动以后，他们就会开始倾向于搬离移民社区，而转到经济能力更强的高档社区（或以本地居民为主的社区）里居住。"而 Alba 等对此作了修订，认为目前居住到高档社区并不一定意味着空间（或区域）融合；早先的移民倾向于在城市中心区建立移民社会（如华人街等），但现在他们可以直接将这种社区建立到郊区。因此，郊区居民也不一定都是以白人为主，而移民也不一定非得要搬进白人社区才能保证居住舒适。

5.2.1.3 心理学对社会适应的讨论

心理学主要关注移民的社会适应（social adaption）。但社会适应本身就是移民社会融合的一个重要方面，甚至于在某种意义上可以相互替换，因此，心理学对移民的社会融合与儿童发展的研究具有很大的参考价值。心理学主要根据移民的心理健康状况（psychological status，如抑郁感等）和社会行为（social behavior）及其调整来衡量他们的社会融合状况，如 Ward 等人的一系列研究。如果再细化，可以将这一研究过程看成是三个部分：通过考察移民的心理幸福（well-being）状况，了解他们是如何调整以适应迁入地的文化，并了解他们的适应程度如何，进而再考察这种调整过程与方式和他们的适应程度之间是否有关联❶。

心理学的讨论同样也关注这种调整或适应的结果。但其操作化定义则包括了许多方面，如心理症状及治疗；知觉变量，如文化感知、知觉成熟度；理性变量，如接受程度、与迁入地居民之间的关系质量；人际关系或个体概念变量，如个人发展和身份冲突；与完成特定任务相关联的变量，如工作表现和学业成就；心理情绪变量，如生活满意度和情绪状态；及行为变量，特别是文化合适技巧的获得，包括交流有效性。

5.2.2 国内相关的研究综述

5.2.2.1 国内流动人口社会融合的研究综述

国内已有许多有关社会融合的研究，而且也有了许多综述性文献，如杨菊华从理论的角度、王桂新等从人口城市化的角度、张文宏等对成年流动人口的社会融合的状况与因素

---

❶ 这种研究范式与社会学的研究范式比较接近，只是关注的角度不同而已。社会学的研究首先了解移民的社会融合状况，接着了解移民的融合结果（Assimilation outcomes），然后来讨论融合状况对于融合结果的影响作用。所以从这个意义上讲，研究的方式都是相通的，只不过研究的关注点不一样，所用的方法不一样而已。

的讨论；任远等从定义及影响因素(特别关注于资本或市场的情况)两个方面的论述；朱考金等以农民工为视角，对融入状况的评价及影响因素的分析；胡杰成从社会学的角度(包括现代性、社会化、社会整合、社会分层与社会流动、社会网络等)对社会融合的探讨。这些都对目前国内社会融合的已有研究作了很好的总结。而悦中山等、嘎日达等则分别从美国研究与欧洲研究的社会融合角度，总结了国外社会融合研究的历史进程与最新进展。本研究试图从理论综述、社会分层与流动、融合现状及影响因素这四个方面，概括总结我国流动人口社会融合方面已有的研究。

首先，从社会融合的理论研究来看，国内研究既有参考美国社会学的分析框架，也有借鉴欧洲社会学分析框架，特别是从借鉴欧洲的社会融入或隔离的角度来展开的。在不同的理论框架下，对社会融合的定义不完全相同。如前者更强调经典的向中产阶级融合的过程，而后者则更强调社会隔离。当然各种不同来源的理论为我们提供了很好的研究分析框架，但是，考虑并形成一个更为完善的、适用于国内流动人口(或农民工、外来人口等称谓之下)的理论分析框架已显得非常有必要了。

其次，从社会分层与流动的角度来看，当前我国的流动人口基本上都是处于社会阶层的底端，而直接导致这种状况的主要因素在于：根本的制度性障碍，即户籍制度与相关制度；流动人口本身的人力资本与社会资本等。

再次，从融合的现状看，流动人口并不稳定的职业与较低的经济收入状况决定了他们很难与迁入地居民之间实现经济融合，表现出"经济吸纳、社会拒入"的现状，而由此直接导致较低程度的社会融合状况。当然流动人口在一定程度上也能够融入迁入地社会，特别是在文化融合与身份认同方面，即他们将参照群体由原来的迁出地，改变为现在的城市人、城市的生活方式、行为模式和价值观念，从而促进他们的现代性发展。但他们融合的状况或是选择改变自我、融入城市，或是在城市中重建乡村的生活环境和文化(这一点类似于当前美国社会学界对于社会融合的争论，是融入主流社会，还是区隔融合)。但这种融合还表现出心理融合、身份融合、文化融合和经济融合依次降低的趋势。而且从社会距离的角度来看，流动人口与市民的社会距离属于远距离等级的，双方交往机会很少，主观距离较大。特别是市民对农民工持排斥态度，双方交往具有非对称性。这在新生代流动人口中体现得更为明显。

最后，融合的影响因素。融合的影响因素除了根本的制度性障碍、流动人口本身的人力资本(特别是受教育状况)以及社会资本以外，还有社会网络的问题。社会网络不仅在流动人口的迁移决策中起到了重要的影响作用，而且在社会融合过程中也起着重要作用。社会网络的作用，特别是新型社会资本，既有正向的促进作用，也有反向的阻碍作用。

5.2.2.2 国内流动儿童社会融合的研究综述

目前国内对于流动儿童社会融合的研究主要从以下几个方面来展开：儿童的心理健

康、社会化及其后果、社会融合或融入、社会适应四个方面，其中社会适应还可以区分成学校的社会适应与环境的社会适应两个方面。

国内有关流动儿童社会融合的讨论最早是由周皓和章宁所提出的社会整合的概念。尽管所用的整合与社会适应不同于社会整合，但其根本的理念仍然是在讨论作为移民的流动儿童的社会融合状况。该文利用抽样调查的资料，从静态和动态两方面考察了流动儿童与迁入地社会的整合状况，并对影响整合状况的原因作了探索性的分析。结论认为，流动儿童群体内部的整合较好。但流动儿童与其居住的社区之间的整合程度并不十分理想。时间、生活背景、家庭背景等都对这种状况有着重要的影响作用。自此以后，特别是在 2006年、2007 年，有关流动儿童社会融合的研究迅猛增加，既有理论的定性分析，也有利用实际调查结果反映现实状况的。

首先来看流动儿童心理状况的分析。

(1) 研究工具。

许多研究都采用了心理量表，如陶红梅和许燕采用了王极盛编制的《中学生心理健康量表》；周皓采用 Asher 等编制的《儿童孤独感自我评定量表》和 Kovacs 编制的《儿童抑郁量表》(Children's Depression Inventory，CDI) 中文版；邹泓等利用 Rosenberg 的《整体自尊量表》考察流动儿童的自尊情况；张清霞等采用了周步成等主修的《心理健康诊断测验》；胡韬、郭成采用《中小学生心理健康测验(PSMH 测验)》；徐晓等利用华东师范大学周步成教授主持的对日本铃木清等人编制的《不安倾向诊断测验》进行了修订的《心理健康诊断测验》(MHT)；王飞采用了《症状自评量表—SCL90》。这些量表主要偏重于儿童的心理，如孤独感、抑郁感、自尊、人际敏感、抑郁、焦虑和偏执等，为了解流动儿童的心理状况提供了研究基础。

(2) 从研究结果来看，几乎所有的研究结果都具有一致性，即流动儿童的心理状况存在着一定的问题，各种指标都相对差于城市儿童。

主要表现为：整体心理健康状况不佳，学习焦虑水平高，孤独倾向突出，自责倾向严重，恐惧心理明显；存在着较强的自卑感，缺乏自信等；且其自豪感要高于自卑感；在流动儿童学校中就学的流动儿童的心理状况差于在公立学校上学的流动儿童，后者则相对差于本地儿童；且儿童的年级、性别、是否为独生子女和出生地等都会影响到儿童的心理健康；而从创造性思维的总体情况来看，流动儿童与城市儿童无差异，并显著高于农村儿童。如果分别从流畅性、灵活性和独特性三个维度考察，在流畅性和灵活性上农村儿童得分显著低于流动儿童和城市儿童，后两者没有显著差异；在独特性上，流动儿童得分最高，显著高于城市儿童，两者均显著高于农村儿童；而且这一过程与儿童在迁入地居住的时间长度有着密切的关系。这种情况说明迁移可能会造成儿童心理上的各种问题，但同时这种迁移/流动的经历也有助于儿童在某些方面的发展，如在创造性思维方面。只要予以关注与解决，改善儿童的心理状况，就会有利于儿童的发展。

其次，我们来看社会融合的研究。

就其研究内容而言，目前有关流动儿童社会融合问题的研究主要可以分为以下几部分：对城市（如北京、上海等迁入地）和对身份的认同（或称认同融合）、对学校（不论是公立学校还是流动儿童学校）的归属感、结构融合、同伴关系、社区或聚居。

总体来看，流动儿童对于迁入地城市的认同度相对较高，特别是流动儿童内部整合较好（更具有相同的社会认同），但流动儿童与其居住的社区之间的整合程度并不十分理想。时间、生活背景、家庭背景等都对这种状况有着重要的影响作用；对于来自社会的排斥有强烈的体验；同伴关系在儿童的成长过程中起着重要的作用，但流动儿童则相对比较封闭；不论是生活空间还是学习（或学校）空间，流动儿童都有排除与城市儿童产生亲密交往的可能性，甚至他们会"对城市儿童充满了抵触的情绪，同辈群体仅限于民工子女，具有高度的同质性。他们与同辈群体的互动，仅仅限制在了校园之中"。并且，随着流动儿童的逐步成长和规模的扩大，"由于（流动儿童）不能很好地融入本地社区，并且在教育、经济、社会保障等方面受到排斥，因为共同的背景，所以他们自发地形成了许多群体。"

最后，来看社会适应与社会化过程及其后果的问题。

流动儿童的成长过程与其社会化过程是相对应的，流动儿童进入城市的社会融合过程，同时也是他们的社会化过程。迄今仅有两篇文章是从儿童社会化的角度出发的，有关内容与上述的流动儿童社会融合的情况基本相同。但应该注意到的是，流动儿童的"社会化过程既不同于城市儿童，也不同于农村的孩子"。他们"是介于农民与市民之间的一个社会群体"。这使"他们在心理上经历着其他同龄人不曾经历过的压力和挣扎。"特别是在流动儿童学校中，"流动儿童的社会化后果，如社会角色混乱、责任感缺失、能力弱化以及失范行为增多等，而且对流动儿童的心灵造成伤害。"

社会适应方面的研究在 2005 年以后才始见于学术期刊，主要包括学校适应与城市生活适应两个方面。在城市生活适应方面，除了上述曾提及的制度性因素以外，非制度性因素还包括市民对农民工及其子女的歧视与偏见、与城市同龄儿童在生活条件、生活习惯、行为方式乃至语言等方面的差别；家庭是学校以外影响儿童社会化的另一重要场所，家庭成员的角色扮演以及迁移策略都会影响流动儿童的社会化进程；不同的生活与学习环境及家庭背景，使"流动儿童城市适应过程呈现出不同的类型；且长期习得的外显行为、内隐观念、人文环境、学习成绩是几个较难适应的维度"。与城市儿童相比，两类儿童只是在部分指标（如学习环境、朋友关系等）的得分上低于本地儿童，但在总体评价方面则与本地儿童不存在显著性差异。同时，公立学校的流动儿童在城市的适应状况基本良好；但随着年龄的增长，对于来自社会的排斥有强烈的体验，心理健康受到一定的影响。与留守儿童相比，流动儿童能够在学习质量、身心健康、知识面广度与他人评价等多个方面有较大优势；尽管从本质上看流动儿童与留守儿童仍然属于"同质群"；且在某些方面留守儿童甚至还相对优于流动儿童，如在对知识面的自我评价方面，留守儿童表现得更加趋于自信，而流动儿童更加趋于保守。这种自信与保守对其今后的成长过程肯定会起到完全不同的影响作用。在未来打算方面流动儿童与留守儿童之间存在显著差异。

5.2.3 简单评述

上述文献回顾简单归纳总结了已有的相关研究，有以下几点需要予以深入考虑与反思：

其一，理论借鉴的适用性。由于国外的二代移民与国内的流动儿童之间存在着许多方面的差异，如宏观的国家制度与经济发展阶段的差异，种族差异（当然并不是流动儿童中没有民族问题，但相对而言非汉族流动儿童的比例较低），文化差异（这里所指的文化差异，主要是指国外的二代移民存在着国与国之间的差异；而国内的流动儿童则仅仅存在着地域差异，但仍然处于中国传统文化的覆盖之下），再到具体的政策差异等。正是由于这种背景性的差异，在引用国外有关社会融合理论时需要非常慎重：理论讨论时需要注意各种逻辑关系在我国国情之中是否能够得到满足；操作化定义时需要注意国外所用的这些指标是否能够适用于国内的具体情况；最终解释时，从理论到数据、分析结果的过程是否能够真正符合国情。诸如此类，从理论框架到操作化定义到最终解释都需要考虑到各种国情的差异性。

其二，我国迁移与流动人口社会融合的最终方向问题。经典的社会融合理论以及其他相关理论都认为社会融合是"向中产阶级或主流社会的融合"；而区隔融合理论则提出了区隔化、分层化、有条件地保留原迁出地文化的融合。那么对于中国社会而言，其社会融合的最终方向是什么？从某种意义上看，区隔化融合是必然的，因为社会本身就是阶级化分层的，不可能一致地要求所有流动人口都向着一个方向集聚、发展和融合。但区隔化社会融合的极端结果却是可能产生移民的贫民窟（在北上广等主要迁入地出现的流动人口聚居区可以被认为是雏形）。想必这并不是我们所期望的未来社会。因此，在社会各阶层之间缺乏流动的可能渠道，教育未能在社会阶层流动中起到其应有作用的情况下，流动人口如何及朝向何方实现其社会融合则是必须引起充分重视与关注的问题。

但不管其方向如何，至少有两点可以作为判断性指标：从社会融合状况来看，结构融合与身份认同是最为关键的。从社会融合的结果来看，流动人口的社会融合应该是有益于流动人口发展的融合，即迁移与流动人口的个人发展、各项社会福利与政治权利都得到充分保障。如从儿童的角度来看，受教育权利的保障（就学机会、就读的学校类型以及更为重要的教育结果；教育结果不仅是学业成就，而且应该包括德智体美的全面发展）、心理健康发育成长、风险行为的减少等可作为判断指标。

其三，目前国外社会学或人口学对社会融合的研究主要是用社会融合的结果变量（如学业成就、心理状况、风险行为）来测量，而未能测量、研究社会融合状况本身；即如果将社会融合看成原因，那么他们更关注于原因的结果（effects of causes），而未关注原因本身。而心理学对儿童社会适应的研究尽管提供了很好的基础，却又忽略了这种原因与结果之间的关系，而更关注或强调原因本身。从实际情况来看，在我们的调查中亦发现类似于上海的案例，失学的流动儿童与当地儿童之间具有很好的融合结果，形成了各种小团体，并进而威胁当地的社会治安。如果从行为结果来看，他们这批流动儿童的社会融合状况并不是很好；但如果从社会融合的角度来看，流动儿童能够较好地融入到迁入地社会，具有很好的社会融合，只是这种融合是一种反社会的融合。产生这种悖论的原因还是在于研究视角。关键在于，如何评价作为原因的社会融合状况本身，如何评价社会融合的结果（outcomes），以及如何评价原因与结果之间的关联与影响作用。如果以社会融合为中心，可以将社会融合的原因、状况及其结果连成一个因果链。丰富与健全这个因果链的研究应该是我们今后研究的关注点。而其前提则是对"社会融合"的测量。

其四，尽管经典融合理论所认为的"向中产阶级或主流社会的融合"仍然是成立的，但是社会融合结果的各种指标并不表现出单一的向上或向下的社会流动。对于这种理论的批判，除了区隔融合所认为的迁入地社会本身就是分层的社会，各种分层的迁人人口与相应层次的本地居民融合，并保持着本身的文化背景以外，更为重要的在于两个方面：社会融合的分析单位和主流社会的定义。

从分析单位来看，既可以评价个体的社会融合状况，也可以评价流动儿童或迁入人口群体的社会融合状况，但这两种评价在理论框架和操作化定义等方面都可能是不同的，尽管群体的测量指标可以基于个体的测量指标而汇总得到。但我们仍然要注意这两种分析单位之间的差异。尽快建立基于两种不同分析单位的理论框架已迫在眉睫。

从主流社会的定义来看，暂且不管国内的中产阶级是否真正形成，首先需要承认的是，不论哪个社会，其主流社会的各种特征（如流行文化、价值观念、家庭观念等等）都会随着其他民族或流人群体的加入而逐步受到改变，即主流社会也会随着时间与移民的加入而发生变化。因此在讨论社会融合时，参照体系可以是美国白人阶级或者我国的本地城市居民或儿童，但需要注意的是这种参照体系总是处于变化过程中的。而在讨论社会融合及其结果（特别是社会流动的方向）时，我们既应该注意到移民所融合的社会阶层，而且更应该注意到移民原本所属的社会阶层或社会地位。只有与其原来的社会阶层或社会地位相比较，我们才能探讨其社会流动的方向。因此，在社会融合的研究中，既要注意到不断变化的参照群体，也必须将社会流动的方向与原有的社会地位进行比较。

其五，数据与分析方法的限制。社会融合是一个长期的过程，因此，不应该只从一个时点上来看社会融合的好坏，而必须从更长的时间段来考察社会融合在各时点上的状况及其变化过程（或发展轨迹），后者尤为重要。正如 Xie 和 Greenman 所指出的，"我们应该更多地关注社会融合的过程，而不仅是其结果。"而目前许多研究所用的数据几乎都是时点调查的数据，尽管能够说明调查时点上的社会融合现状，却无法反映社会融合的变化过程，更无法深入讨论影响变化过程的各种原因。由此，长期的跟踪调查显得更有必要。同时，从目前国内的研究来看，对于调查数据的开发与利用，特别是数据分析方法还存在着很大的局限性，更不用说从因果推论的角度来看原因的结果与结果的原因问题的讨论了。这也正是本研究希望有所贡献的地方。

从人口迁移的过程来看，迁出决策(包括是否需要迁移、迁往哪儿、个体还是家庭的迁移等)、迁移过程(尽管很短)、迁入地的状况这三个方面都是相互联系的。而当前对于移民社会融合的研究则是迁移后果研究的一个重要部分。上述国际移民研究的理论已经说明社会融合状况的好坏，将会影响到移民的发展及以此为标志的社会流动的方向。目前国内在这方面的研究仅仅只是一个开端。

5.3 本研究的理论框架

5.3.1 理论框架的构建

基于上述定义及文献综述，图5-2勾画了本研究的"社会融合"理论框架。笔者认为，社会融合应该包括以下三个步骤：适应、融入、融合。可以用图5-2中第一层的五个方框来分别表示社会融合的五个维度，这是一个递进的社会融合过程，即：

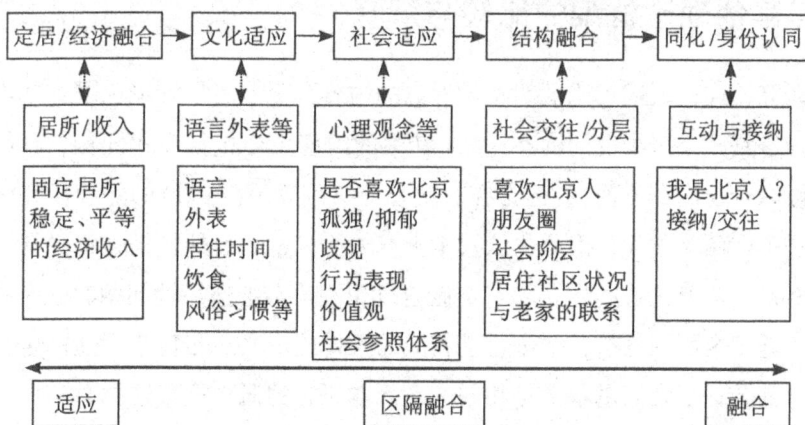

图5-2 "社会融合"的理论框架

(1)首先迁入人口在迁入地居住并获得一定的经济收入；其主要标志是有固定的住所及稳定、平等的经济收入。

(2)其次迁入人口适应迁入地的社会文化，主要表现为语言、居住时间、外表、饮食等。

（3）再次则是社会适应，即迁入人口逐步调整迁入所带来的心理问题，逐步改变他们的观念，并与迁入地的人相类似；这一步事实上更为关键的是在于改变他们的参照体系，即他们的社会参照体系由原迁出地改变为迁入地。其标志是社会参照体系。

（4）在此基础上的"结构融合"以社会交往与社会分层为主要标志，即他们的社会交往群体从迁入人口扩展到了本地人口；在社会分层上，他们逐步摆脱边缘地位，向中产阶级或更高层次接近；同时，也可以包括部分高层次人群的政治权力的要求。这一阶段的主要特征应该是社会交往圈的扩大、居住社区的搬迁等。同时，结构融合还需要包括与迁出地之间的社会联系问题。这一点在许多研究中都被忽略了。人口迁移的推拉理论作为人口迁移研究的基本分析框架，同样也可以运用到社会融合的研究中来。如果流动儿童（或者是迁移人口）与老家（或迁出地）有着很强的联系，那么，迁出地的各种社会文化都会影响到迁移人口，从而使他们在迁入地有更强烈的去保持这种文化传统的想法，从而使他们在迁入地的社会融合受到一定程度的影响。

（5）最后才是"身份认同"，即在与本地居民的社会交往与互动过程中，迁移者逐步对自己的身份取得新的认同，且在双向的交往过程中取得原居住地居民的认同，并形成相互认可与接纳的状态，即能够彼此接受和尊重，形成和谐的社会关系，找到共同归属感。

上述这一理论框架是针对成年流动人口的。而作为无经济收入的被抚养者——流动儿童则无法考虑经济融合的问题，只能从其余四个方面来予以分析。

5.3.2 与其他理论框架的比较与解释

与其他研究相比，上述理论框架相对考虑的内容会更多。尽管不论哪个学派的学者们都认为社会融合是一个多维度的动态过程（其中的维度主要包括文化同构、结构融合、区域融合和代际融合这四个方面），但是在对融合与移民后果（结果）的经验研究中却经常只利用其中的一个或两个方面，因此，从根本上亦未能完整地表达、描述移民社会融合的具体程度。Greenman 和 Xie 在讨论传统社会融合理论在当前的适用性问题时，对社会融合的具体方面作了详细全面的分析，并进行了相应的操作化定义。相比于上述的定义，除了代际融合以外，其余三个方面基本上是相同的。而本研究的概念框架还包含移民的经济融合与身份认同。其中"职业流动与经济融合本身就应该是移民社会融合的一个最重要的指标与维度，但这一点并没有被戈登等的传统融合理论所关注。"而代际融合系指移民在居住地属于第几代人。经典理论认为，社会融合与居住时间有着极其密切的关系，其中 Gans 和 Sandberg 在 Warner 和 Srole 的基础上更强调代际在社会融合过程中的作用；它描述了群体层次社会融合的过程具有代际替代性，即移民的下一代总是比移民本身能够更进一步地融入社会。但这种"代际直线理论"招来了许多批评意见。Gans 在接受批评意见之后提出了修正的"曲线理论"（bumpy-line theory of ethnicity），但仍然强调社会融合会随着代际的延伸而得到加强。这一理论在今后中国移民的社会融合研究中将会是一个有益的参考。但在本研究中，由于所关注的就是流动儿童（二代移民），因此，这种代际问题属于不用讨论的范围。但是，在本研究框架中，居住时间长度作为文化适应的一个方面，则包括了这种代际融合的问题，尽管该指标在理论框架中只是作为传统社会融合的一个方面。除此以外，本研究所提出的理论框架也包括了 Douglas Massey 等提出的空间（或区域）融合。

国内对于社会融合的理论框架分析与各自的定义相联系，因此不同的研究具有不同的理论框架，但相对而言，主要内容基本上具有类同性。比如，田凯和朱力等认为社会适应和融合可以从经济、社会、心理和文化三个维度来考察；郭良春、姚远则从价值观适应、社会生活适应、学习适应等方面来理解；张文宏、雷开春等则从文化融合、心理融合、身份融合和经济融合四个方面来考虑。

尽管本框架与杨菊华提出的"中国城乡流动人口在流入地社会融入的理论模式"有相近之处，但其中的差异也相对较大。杨菊华把社会融入分解成经济整合、文化接纳、行为适应和身份认同这四个递进的过程：经济整合的代表性指标是就业与收入；文化接纳则包括了语言文化、风俗习惯、社会理念等；行为适应则包括人际交往、社会网络、婚育行为、生活习惯、社区参与、健康和教育行为、行为失范等；身份认同则包括了与本地人及老家人之间的心理距离、归属感及对自己是谁、从何处来、将去往何处的思考及认知。除了经济整合、文化接纳与身份认同具有相同或相近的定义以外，主要差异在于行为适应。

笔者认为，杨菊华所得出的行为适应部分，尽管都是有关行为的描述，但是，其中有些行为应该被归结为结构融合，如人际交往、社会网络等已被许多文献提及的代表性指标，以及可以进一步扩展到包括社区参与在内的政治诉求及公共事务的融合等指标，这同时也是当前移民研究时需要注意的新方向。而另外部分指标则应该归结为社会适应问题，如婚育行为、健康和教育行为、行为失范等，可以看成是社会适应的结果。将社会融合的两个不同维度混合在一起，不仅在选择各个维度的测量指标时容易产生混淆，而且也无法真正描述社会融合的状况，因为从社会融合的角度来说，这些行为是社会融合的结果，而非社会融合的测量指标。

比如，行为适应尽管能够反映价值观念的变化，但更有可能的是行为的相应模仿和受迁移影响而导致的行为改变，即外显的行为既可能是内生的迁移者个体的价值观或社会参照体系变化而引起的，也可能是受社会环境、迁移行为等各种因素影响而"被迫"作出的行为结果。如婚育行为的变化，既可能是价值观念或社会参照体系的变化引起的，也可能是由于迁移行为而不得不推迟婚育年龄，但从表象来看，都是婚育行为的变化。两者之间存在着根本性的差异。从社会融合的角度来看，只有前一种情况，即由于价值观或社会参照体系的变化而引起的行为变化才是社会融合之后的结果，因此，并不能利用这种行为结果来表示其社会融合的状况，而更应该从行为结果的原因来考察。其中根本即在于价值观或社会参照体系的变化。这一点在我国的成年流动人口与流动儿童(不论是 1.5 代还是 2 代)之中已经出现。因此，社会适应应该是在文化适应基础上的更进一步的社会融入的表现形式。

再比如，行为失范必然需要一个参照体系以表明这种行为的失范性；即某种行为是否失范在不同的社会情境与社会参照体系之下可能具有不同的判断结果。因此，行为失范的根源还是建立在社会参照体系变化的基础上。从这个意义上讲，行为失范应该是社会适应的结果。再进一步，失范行为更应该被看成是社会融合的结果，而不能将其作为社会融合的测量指标。正如上文中提到的实例，尽管部分失学的流动儿童具有较好的社会融合，但却有着反社会的越轨行为。那这时就不能以其行为结果来测量其社会融合，而只能利用上述社会融合的相关指标来测量。

因此，本章所提出的理论框架所包含的内容更多，也更为全面；而且这些维度可以表示社会融合从隔离到融合的不同发展阶段。

▶6

社会融合指数的构建

6.1 操作化定义

6.1.1 操作化定义

前述理论探讨已经表明社会融合是一个多维度的过程性的指标，可以包括如同化、结构融合、空间融合和代际融合等；但许多研究在实际操作过程中，只是涉及社会融合的一个或几个方面，而并不是全部；如只讨论了语言的利用情况、居住时间长度（对第一代移民而言）、出生地（国外还是美国），或者是同时使用这几个指标。

谢宇等曾对社会融合这一概念作了比较全面的总结，并进行了操作化定义。该文将社会融合归结为：①文化融合，以"语言的运用程度"和"在迁入地居住的时间长度"两个指标来测量；②结构融合，主要是指移民儿童朋友圈中的种族构成，测量指标是"本地儿童在移民儿童朋友圈中的比例"；③空间（或地域）融合，是指居住社区的种族混居情况（如是否为多种族的混居、本地人的比例等），是个社区层次的变量，以"是否居住在种族混居的社区（以某一种族的人口超过一定比例为标准）"和"社区中本地出生人的比例"为指标；④代际融合，以"是否为二代移民"为指标。

上述操作化过程确实有其合理的理论基础及现实基础，但同时也应该注意到，正如上述评论中所说的，这种操作化定义并不一定适用于中国的实际情况。至少从上文所构建的理论框架而言，这几个指标并不能够真正地反映当前我国流动儿童社会融合的基本状况。

为此，本章将在上述理论框架的基础上，对社会融合的各个部分选择代表性的指标，以期综合地衡量我国流动儿童的社会融合情况。

其中有两点需要说明：其一，笔者所选择的这些指标都是个体层次的。如果需要评价群体层次的社会融合状况，则需要另外予以讨论。当然，如果将这种个体层次的变量汇总成为更高一层的群体性指标，亦未尝不可。但在理论上可能会存在问题。在此不再讨论。其二，按照图5-2中的结构，除了第一部分的"定居/经济融合"以外，其余四个部分都适用于流动儿童。本研究将在这四个部分中分别选择几个指标来表示社会融合在该维度上的状况。

以下是根据图5-2给出的有关本研究的操作化定义。

首先，从文化适应角度来看，语言作为重要的交流工具，在跨文化（或不同语言）间的移民中起着重要的作用。甚至于移民的社会交往也受到了语言的影响，即社会交往有利于融合，但在社会交往与融合中，语言（包括语言的运用能力和熟练程度）则起着关键的作用，会影响到两者之间的相互作用。居住时间长度则是衡量文化适应的另一个指标，已被国内外众多研究所证明。

其次，社会适应主要是指心理与观念的问题。通过"是否喜欢北京""是否担心有人看不起你"和"是否觉得有人看不起你"这三个方面来测量儿童对迁入地的心理感知。第一个变量是对于环境的体验；而后两者则是对人的体验。而心理量表中的孤独感则作为在迁入地的心理状况的代表性指标。❶ 尽管在图5-2中还给出流动儿童在迁入地的观念（价值观念与社会参照体系）是衡量流动儿童社会适应的重要指标之一，但是本研究的问卷并未包括这两个概念的测量变量，而且其操作化亦比较困难，因此，本研究中并未包括观念方面的内容。这是一个遗憾之处。正是如此，在本研究框架之下（如果不考虑价值观与社会参照体系的话），也可以将"社会适应"称为"心理适应"。

再次，从结构融合来看，可以将这种结构融合看成是两个方面：一方面是迁入儿童与迁入地之间的结构融合；而另一方面则从迁出地的角度来看，即迁入的儿童与迁出地之间是否仍然存在着很强的社会联系。前者的操作化定义变量包括：①你是否喜欢北京人；②朋友圈；③居住社区的类型。其中，是否喜欢北京人是对人的主观感受；居住社区的类型是客观的环境状况；朋友圈则是具体的交往对象。后者的操作化定义变量包括：①是否会说老家话；②是否回过老家。正如文化适应中所解释的，语言在社会融合中起到了重要的作用；而与老家的联系中，是否会说老家话则同样也是关键的。如果一个流动儿童不会说老家话，那么他与老家的联系只有通过父母亲；而就其自身而言，与老家并无多大联

---

❶ 将抑郁感作为因变量，而孤独感作为社会融合的一部分，这样就可以解决既为自变量也为因变量的问题了。

系，就如"祖籍"的概念。更进一步，如果考虑到儿童今后的发展，那么，由于不会老家话，从而使其更有可能长期居住在适用语言的地域（如北京等普通话体系中），而不会考虑再回老家居住。而是否回过老家，则是与老家联系的另一个指标。回过老家，或在老家居住过，那么，流动儿童对于"老家"有一个比较客观的感知，从而会增进其作为老家人的想法。而如果流动儿童并未回过老家，那么他对于老家也无法有比较客观的感知，而只是一种主观的概念。因此，从操作化的角度来看，这两者是反映流动儿童与老家联系的两个最基本的变量。

最后是身份认同。对于身份认同，心理学界和社会学界的定义各不相同。本研究中将其操作化为"你觉得自己是北京人吗?"，以从主观的角度来看流动儿童对自身身份的认同情况。当然，如果将身份认同看作社会融合的最高层次，那么，社会融合不仅应该包括流动儿童自身对于迁入地的认同，而且应该包括迁入地（包括迁入地的成人与儿童）对流动儿童的接纳，即只有互动的接纳才是社会融合的最终目标。尽管社会融合的结果既可能是趋向于中产阶级，也可能是产生区隔。但由于互动接纳这一指标无法从流动儿童自身得到，而只能从本地儿童或本地居民的调查中得到，而且也无法是针对某一个个体单位，而只能是对于一个群体的接纳，即是一个群体性指标，因此，本研究无法将其加入。❶

6.1.2 变量的描述

本部分中真正的连续变量有两个：流动儿童孤独感量表得分与居住时间。而是否回过老家和是否会说老家话则是二分类变量，将其变成虚拟变量以后，可以视为连续变量。

表6-1给出了这四个变量的概要性描述指标。其中，每个单元格的第一行中前一个数字表示的是均值，第一行中第二个括号内的数字为对应的标准差；第二行中的括号内的数字表示的是该轮调查中的样本规模。其中，三轮调查流动儿童的样本规模分别为1039、957、978。由此可以得到相应缺失值的样本规模。其中需要说明的是，流动儿童的孤独感的缺失案例数相对较少，这是因为在数据处理过程中，将有缺失值的样本（其中只有一题或两题缺失）用其个人的均值去代替其缺失值，从而使已回答绝大部分题目的案例不再成为缺失案例。事实上，如果在18道题目中有一道题目为缺失的话，整个量表的结果就为缺失。而本研究的样本规模本身就少，因此，这种迭代替换的方法可以尽量减少样本的损失。

---

❶ 如果设计这样一个研究，即在一个社区内，了解本地居民对流动人口的印象及态度，以及流动人口在本社区中的比例，那么，就可以测量接纳状况及对流动人口社会融合的影响了。

表 6-1　社会融合部分所用的连续变量概要性描述

一	第一轮	第二轮	第三轮
孤独感	2.077(0.655) (1036)	1.981(.6433) (954)	1.944(.700) (977)
居住时长	6.2611(3.2127) (1013)	6.156(3.488) (703)	6.256(3.608) (978)
是否回过老家 (0=没回过)	0.7847(0.4112) (1008)	0.7791(0.4150) (901)	0.7990(0.4010) (955)
是否会说家乡话 (0=不会)	0.7403(0.4387) (1009)	0.2497(0.4331) (901)	0.7120(0.4531) (948)

注：每个单元格中的三个数字分别表示均值(后两个变量为比例)、标准差(与均值同一行的括号内的数值)与有效样本数。根据有效样本数即可知缺失案例的情况。

而分类变量则包括以下九个：语言状况❶、是否喜欢北京、担心受歧视、自我感受的歧视、居住地类型、是否喜欢北京人、是否喜欢北京的同学、朋友圈和你觉得你自己是否是北京人。这九个分类变量与上述四个连续变量结合在一起，作为衡量流动儿童社会融合的主要结构性指标，以此来构建流动儿童社会融合的综合指标。

以下不再描述这些指标的概要性描述统计量。但在这里需要提醒的一点是有关变量的方向问题，因为这涉及最终结果的判断。除了居住时长以外，其他的所有变量都是数值越大，说明社会融合得越不好。如孤独感量表的得分越高，说明流动儿童自身的孤独感倾向也就越大，其社会融合状况也就越不好。普通话是否标准这一问题中，数值越小表示普通话越标准，进而说明其社会融合得越好。其他指标也是相同的。唯独居住时长，上述理论分析与文献综述表明，居住时间越长，社会融合的状况也就会越好。因此，这一变量的取值越大，说明社会融合的状况也就越好。这一点与其他变量的取值方向完全不同，需要注意。

6.2　分析思路、方法

社会融合指数的构建思路是：将上述多个指标通过因子分析，组成一个连续变量，以其得分来测量流动儿童"社会融合"的状况。尽管我们可以通过上述多个变量的分组来看流动儿童的社会融合状况，但到目前为止，仍然缺乏一种更为直观的、能够用数值来表示的

---

❶ 由于第一轮调查中并没有加入语言(普通话)的有关问题，因此在第一轮的因子分析中不包括这个变量。

社会融合的指标。毕竟，用一个指标来进行描述，其综合性要强于多个指标。❶

　　因子分析可以减少测量维度，并最终形成一个概要性指标。但一般的因子分析要求数据均为定距测度的变量（如学生的学习成绩、地区经济指标等），而本研究中将同时包含分类变量与连续变量。如果将分类变量的数据直接利用传统的因子分析，事实上就等价于将这些分类变量视为连续变量来处理，这可能会产生较大的偏差。❷ 产生偏差的主要原因在于以下四点：其一，因子分析利用了相关矩阵，而分类变量的相关性并不能用皮尔逊相关来做。其二，因子分析时需要以共享方差最大化为标准来进行旋转，而对于分类变量，并不存在方差的问题。其三，在解释因子分析的结果时，需要考虑因子对于原始变量的方差的解释或代表能力，与第二点相同的，分类变量并不存在方差，因此无法解释因子对于原始变量的解释能力。其四，传统的因子分析所用的估计方法是最小二乘法，而分类数据因子分析则采用最大似然估计法，尽管两者具有一定的相同之处，但基本思路与方法则是完全不同的。正是基于上述四点，对于分类变量的因子分析必须利用适用于分类变量的因子分析方法，而不能利用传统方法。

　　幸好现在有多个统计软件可以进行适用于分类数据的因子分析，如 SPSS 和 Mplus。然而 SPSS 尽管提供了分类变量的因子分析，它事实上是主成分分析（CATPCA，Categorical Principle Component Analysis），只具有探索性因子分析的特征，而无法做验证性因子分析。因此，本研究将转用 Mplus 来完成上述研究目标。❸ 有关分类变量的因子分析，请参阅 Mplus 的相关说明。事实上，Mplus 在进行分析时的主要思路是：将分类变量（nomlnal or ordered categorical）通过估计方法变成连续变量，其后的步骤与传统的因子分析基本相同。但前一步是分析方法的关键。

　　分析过程：本研究将首先利用第一轮调查数据探索因子结构，并由此计算得到第一轮调查的各因子得分；❹ 然后套用已获得的因子结构，用后两轮调查数据来计算各变量的因

---

❶　同时，这一点也为以后作进一步的分析提供了基础。比如，如果想要衡量流动儿童的综合发展状况，那么就必须要从流动儿童的学业成就、心理状况以及社会融合状况这三个方面共同来衡量，而不仅仅是一个方面，这需要使社会融合状况与其他两个具有相同的测度，才能利用 SEM 和 HLM 来分析。所以，现在这一步也是基础。

❷　当然，这种方法在其他学科中经常被运用，但事实上是存在问题的。笔者曾经利用上述数据，比较了用传统的因子分析所得结果与运用适合于分类变量的因子分析得到的结果，两者具有较大的差异。但这一点通常被国内的学者所忽略。

❸　作者利用 SPSS 和 Mplus 对上述数据同时进行了分析，并比较了两者的结果。发现 Mplus 尽管在基础数据的处理过程会比较麻烦，但它既可以做探索性因子分析（EFA，Exploratory Factor Analysis），也可以做验证性因子分析（CFA）。而且，它可以给出各种不同的指标以检验模型的合理性。

❹　在实际处理过程中，第一轮数据的因子分析结果也是采用探索性因子分析得到因子结构，然后利用所得的因子结构计算其各因子得分。在 Mplus 里，EFA 无法直接给出因子得分（因为在模型设置中没有潜在变量，所以无法给出潜在变量——因子的得分），只有在模型设置中给出因子结构才能输出因子得分。所以，在计算第一轮数据时，我们也采用了两步走的方式来进行。这是属于没有办法的办法。如果直接利用 EFA 的结果来计算因子得分，其结果是有缺失值的案例就无法得到因子得分（因为其为以因子结构系数为权重的各变量的线性组合）。而如果模型设置了因子结构（类似于 CFA，只是似），则它可以得到所有参与分析的样本的因子得分，这就可以解决本研究中样本规模过小的问题。

子负载和结构系数，并计算得到后两轮的因子得分。要注意的是，这里有一个较强烈的假设，即假定这些因子结构不会随时间的变化而变化。当然，这一稳定的因子结构假设可能会存在一定的问题(如由于社会环境的变化，使因子结构也发生一定的变化)，但由于目前三轮调查之间的间隔相对较短，社会变迁并不是非常剧烈，因此，这个假设仍然是可以接受的。同时，对后两轮调查数据所做的也并不是验证性因子分析，因为验证性因子分析要求样本是完全独立的；而本研究作为跟踪调查，样本具有一定的连续性(或非独立、非随机的)。本研究仅仅是借用第一轮调查中的因子结构。

在上述分析过程中，另外可能存在的问题是，有些变量在第一轮的因子结构中可能是不显著的，即传统因子分析中因子负载小于某一数值(如0.3)时就不能成为该因子中的变量(表明该变量与该因子之间的相关性很弱，因子对该变量并不具有解释能力)。本研究在数据处理过程的方法则是，取该变量在各因子中的最大值，来表示该变量属于某一个因子。这样做尽管会破坏统计要求，但其好处是尽可能多地利用样本信息。

在构建了各轮调查的因子结构，并计算得到因子得分以后，我们就可以再进一步利用传统的因子分析方法，将构建的各因子组合成一个变量，以表示社会融合的程度。

6.3 因子分析的数据处理过程及结果

本部分将描述根据上述分析步骤所得到的具体结果。在此之前，首先要比较分类变量的因子分析结果与传统因子分析结果之间的差异，然后逐步描述各步骤的具体结果。

6.3.1 两种因子分析的比较

任何一个统计软件都会有探索性因子分析。本研究所给出的结果是利用STATA完成的。然后利用相同的数据，用Mplus分别做传统的因子分析和分类变量的因子分析，以期比较两者的结果差异。具体结果请见表6-2。

表6-2 分类变量因子分析与传统因子分析结果的对比

—	Mplus 分类变量因子分析的结果				STATA 因子分析的结果				Mplus 连续变量因子分析的结果		
	因子1	因子2	因子3	因子4	因子1	因子2	因子3	因子4	因子1	因子2	因子3
孤独感	0.200	0.417	-0.047	0.286	0.2381	-0.3703	0.0624	0.1617	0.416	0.167	0.256
朋友圈	0.281	0.037	0.298	0.220	0.2642	-0.0085	-0.2867	0.1561	-0.009	0.299	0.196
居住时长	0.001	-0.164	-0.031	-0.726	-0.0822	0.3526	0.2694	0.1118	-0.164	-0.032	-0.708

一	Mplus 分类变量因子分析的结果				STATA 因子分析的结果				Mplus 连续变量因子分析的结果		
	因子1	因子2	因子3	因子4	因子1	因子2	因子3	因子4	因子1	因子2	因子3
是否是北京人	0.448	0.111	0.227	0.114	0.4455	0.0979	-0.0395	-0.0907	0.085	0.470	0.114
歧视	0.079	0.578	0.023	0.075	0.1757	-0.3091	0.2482	0.0300	0.519	0.078	0.063
是否回过老家	0.035	-0.149	-0.039	-0.313	-0.0454	0.2813	0.2030	0.0026	-0.146	0.011	-0.328
老家话	0.075	0.063	0.035	0.187	0.1425	-0.1462	-0.1213	-0.1707	0.049	0.090	0.199
喜欢北京	0.662	0.099	0.167	0.040	0.4531	0.1313	0.1124	-0.0682	0.101	0.516	0.032
担心被歧视	0.111	0.555	-0.023	0.200	0.1852	-0.3756	0.1970	-0.0158	0.517	0.095	0.156
居住社区	0.326	-0.011	1.000	0.095	0.2846	0.1209	-0.2096	0.0753	-0.054	0.302	0.079
喜欢北京人	0.670	0.149	0.214	0.073	0.5277	0.1200	0.0693	-0.0819	0.128	0.587	0.069
喜欢同学	0.632	0.095	0.196	0.011	0.4346	0.1749	0.0440	0.1028	0.048	0.519	-0.010
FACTOR DETERMINACLES	0.859	0.747	1.001	0.777	chi2(66)= 797.51 Prob>chi2 = 0.0000				chi2(33)= 126.275 Prob. value 0.0000		

上述理论假设说明社会融合变量需要构建四个因子。在构建过程中，首先是由软件来任意设置因子个数，根据特征根来判断其所需要的因子，然后给定设置的因子个数。

表6-2给出了两种不同分析方法、用 Mplus 和 STATA 所得到的结果。其中，该表中左边的几列是利用 Mplus 中的分类变量因子分析所得到的结果；该表的中间和右边的两大列则分别给出了用 STATA 和 Mplus 进行传统的对连续变量进行因子分析得到的结果。从表中的结果可以看到，两种不同的方法所得到的结果不仅仅是因子的结构系数存在差异，而且最主要的是因子结构也发生了相应的变化。如 STATA 的结果中，居住时长和是否回过老家由属于前一结果的因子4，变成属于因子2的变量；而前一结果中"居住社区类型"的变量则由属于因子3变成了属于因子1。

Mplus 的因子分析结果，不仅是系数与结构发生了变化，而且因子的个数也发生了变化。在数据处理时，我们仍然是规定了因子个数为1~4个，但其结果只有三个因子。如果我们强行规定因子个数为4个时，其结果是不收敛的。这种 STATA 与 Mplus 在连续变量的因子分析中所出现的差异，可能最主要的是在于软件所用的估计方法的不同。

但无论如何，此处所需要强调的是，在因子分析过程中应注意到这种变量的属性，并针对不同的变量属性，采用不同的方法，否则会影响到研究结果与结论。

6.3.2 各轮数据的因子结构系数

1. 因子结构的确定

事实上，表6-2左边的 Mplus 的结果已经给出了根据第一轮数据计算得到的因子结构。在解释这些因子结构之前，有两点需要再强调一下。

其一，由于上述各指标的作用方向并不完全是同向的（特别是居住时间长度），因此，在利用上述指标所构成的变量的数值大小可能会以数值小的，甚至是负的，表示其融合得较好，相反取值大则表示其融合得不好。正如用学习成绩来测量儿童的学习能力。基于这种考虑，我们可以利用二阶因子分析（Factor Analysis）将上述指标组合成一个变量。

其二，在因子分析过程中，我们采用了各变量在各因子中最大的结构系数，而并未按照标准数值（如0.3）来执行。其目的已在上文阐述，此处不再重复。

由上表的数据结果可以看到，因子1是由是否觉得自己是北京人、是否喜欢北京、是否喜欢北京人、是否喜欢北京的同学这四个变量组成的，都是自己对环境与人的喜欢程度，因此，我们可以将其命名为"自身体验"；因子2是由孤独感、是否觉得有人看不起你、是否担心有人看不起你这三个变量构成，因此可以将其命名为"心理"因子；因子3是由朋友圈和居住社区构成的，且其中居住社区的结构系数最大，因此可以将其命名为"社会交往"因子；因子4则是由在北京的居住时间、是否回过老家、是否会说老家话这三个因子构成，可以将其命名为"与老家的联系"。

与上述说明相对应的，前三个因子中的主要变量均为正值，即数值越大，表明其社会融合越不好；而因子4中的变量则以负的为主（而且其最终的取值也是为负的），而且主要是由于居住时间长度在其中起到了重要的作用，因此，其数值越大，表明社会融合的状况越好。

2. 结构系数

由此，根据上述四个因子的结构，为了计算各因子的得分，我们利用验证性因子分析的方法来重新计算第一轮的数据，并根据相同的因子结构，计算其后两轮各案例的因子得分。具体结果请见表6-3。该表的注释已经说明了表中各数值的含义。

表6-3　三轮数据因子分析的结构系数

因子	变量	第一轮	第二轮	第三轮
因子1： 自身体验	是北京人	1.000(0.000)	1.000(0.000)	1.000(0.000)
	喜欢北京	1.078(0.099) (10.922)	1.332(0.139) (9.561)	1.688(0.197) (8.587)
	喜欢北京人	1.115(0.100) (11.190)	1.526(0.164) (9.327)	1.558(0.186) (8.392)
	喜欢同学	1.019(0.092) (11.091)	1.340(0.138) (9.731)	1.452(0.174) (8.329)

因子	变量	第一轮	第二轮	第三轮
因子2： 心理与歧视	孤独感	1.000(0.000)	1.000(0.000)	1.000(0.000)
	歧视	1.665(0.239) (6.979)	1.489(0.218) (6.826)	1.150(0.125) (9.197)
	担心被歧视	1.650(0.240) (6.869)	0.893(0.140) (6.379)	0.832(0.090) (9.229)
因子3： 社会交往	普通话	—	1.000(0.000)	1.000(0.000)
	朋友圈	1.000(0.000)	-0.014(0.088) (-0.156)	0.105(0.095) (1.111)
	居住的社区	1.091(0.194) (5.613)	0.898(0.142) (6.329)	0.443(0.091) (4.853)
因子4： 与老家的联系	居住时间	1.000(0.000)	1.000(0.000)	1.000(0.000)
	是否回过老家	0.239(0.062) (3.828)	0.308(0.086) (3.585)	0.218(0.050) (4.386)
	老家话	-0.124(0.039) (-3.140)	0.268(0.075) (3.589)	-0.148(0.034) (-4.333)

注：表中的第一个数值为估计值；第二个数值为估计值的标准误；第三个数值为估计值与标准误之比，相当于是 t 检验值。一般只要 t 值大于2就大概可以判断其显著度在0.05以下。

首先在第二轮与第三轮的因子分析中，在因子3中加了普通话，而该变量在第一轮调查中是没有的。正如上面变量选择部分所述，语言变量是社会交往与融合的关键变量，可以将其归入社会交往或社交能力的因素，因此，从理论上将其放入该因子。而另一个原因则是来自于数据结构，如果将普通话这一因素放到其他任何因子中，都会使整个模型无法收敛，并无法给出最终结果。只有将普通话放在因子3社会交往中，整个模型才能收敛。因此，最终形成了表中第二、三轮数据的因子结构。

其次需要对各变量进行检验。第二行括号中的数值为估计值与标准误（第一行括号内的数值）之比，类似于 t 检验值。一般 t 值在大于2（或者有保证时大于2.5）时统计量的显著度就在0.05以下。除了朋友圈这一变量以外，其余所有变量的 t 值都大于3，因此，除了朋友圈以外，其余变量在相对应的各因子中具有较强的显著性。在我们的最终模型中仍然保留了朋友圈这一变量。

当然，在最后计算因子得分时，并不是直接利用变量值与结构系数相乘得到的，其中间存在着数值转换，即由分类变量转换成连续变量并将连续变量标准化的过程。

6.3.3　因子分析结果的讨论

上述因子分析的结果似乎并没有从数据上验证先前提出的理论框架。尽管因子结果仍然是四个部分，但是其中的结构已发生了根本性的变化。理论框架中提出的文化适应、社会适应、结构融合和身份认同，最终根据数据结果得到的是：自身体验、心理与歧视、社会交往和与老家的联系这四个方面。如果说自身体验主要是流动儿童对迁入地文化的人和环境的适应，那么，它可以对应理论框架中的文化适应；如果将心理与歧视看成是流动儿童在迁入地的适应状况，那么它可以对应理论框架中的社会适应，而且这一点与理论框架中的具体指标是对应的；而社会交往和与老家的联系这两个因子则是结构融合的重要指标，与理论框架中的指标也是相对应的。最终的身份认同因子则并没有被包括在因子里。一方面这可能与身份认同的具体操作化定义有关，另一方面也可能与流动儿童本身对于身份这一概念的界定与认识并不十分清楚有关。而且身份认同作为上述理论框架中的最终结果，也与迁入地的居民对于流动儿童的接纳有关。因此，身份认同并无变量相对应也是可以理解的。从总体来看，数据所得到的因子结构与理论框架中的几个部分是分别相对应的，因此，从某种意义上说数据也支持了上述理论框架的构建。当然其中的部分变量在因子或适应的位置与理论框架中的分类有所不同，因此，本研究将在坚持上述理论框架的情况下调整部分变量的因子归属。

6.3.4　社会融合状况的整体评价

上述四个因子结构及其得分为后续的研究提供了基础。但是，如果要得到一个更为概括性的指标(如学习成绩或心理状况的指标)，则需要将其概括成一个指标。而上述各因子得分本身就是连续变量，因此，可以再一次利用因子分析，将上述四个方面的因子结构综合成为一个得分值，以衡量流动儿童社会融合的整体状况。有关结果请见表6-4。根据表中的结果，可以将各轮调查中的四个因子归为一个因子，即社会融合的整体状况。❶

表 6-4　二阶因子分析的结果

一	第一轮	第二轮	第三轮
因子1	0.7878	0.8531	0.5566
因子2	0.4843	0.8305	0.8811
因子3	0.7935	0.9959	0.9894
因子4	-0.3757	-0.6001	-0.6046
Chi-square	1508.39	5205.50	4182.79
KMO	0.3617	0.3577	0.4025

❶ 要注意的是，各因子的计算结果可能是反向的，即分值越大，表示的社会融合状况越差。比如因子1自身体验所包含的几个变量的取值，都是以高分值表示否定的方向。因此，上述因子1~3所计算得到的都是负向的；而因子4尽管是正向的，但在合成二阶因子时其结构系数是负数，因此，与前3个因子的方向是完全相同的。为了能够统一起见，需要将综合的因子得分都乘以-1，改变因子的方向，以便更直观地表示社会融合的状况。

尽管模型的卡方检验值是显著的(表中最后第二行),但是二阶因子分析的 KMO 检验结果却并不理想。一般要求 KMO 值大于 0.5 才能勉强接受,最好应该是在 0.8 以上。但是本研究的目标是将其归为一个连续的测量指标,且此处为二阶的因子分析。在一阶的因子分析过程中已经进行了方差最大化的旋转,使各维度之间的相关性最小,因此,较小的 KMO 值还是可以接受的。

流动儿童社会融合的状况及其变化

本章将利用上一章已经构建的流动儿童社会融合指数，描述流动儿童社会融合的状况及其变化。首先定量描述流动儿童社会融合状况，包括其均值、方差及分布模式；然后从跟踪样本的角度，描述流动儿童社会融合的发展历程。

7.1 独立样本的比较

7.1.1 总体情况

流动儿童社会融合状况的整体评价的有关结果请见表7-1。表中给出了每轮调查的样本规模、整体评价的均值、标准差、最小值与最大值。由表中的数据可以看到，三轮调查中流动儿童社会融合状况综合指标的均值均为0，这与因子分析的最终结果是经过标准化的结果有关。因此，我们亦无法评价这三轮调查中，流动儿童社会融合整体状况的变迁过程。

表 7-1　流动儿童社会融合状况综合指标的描述

一	样本规模	均值	标准差	最小值	最大值
第一轮	1037	$-2.60e-10$	0.8994	-3.0098	2.5723
第二轮	957	$-4.72e-11$	1.0038	-2.8308	2.7666
第三轮	978	$1.01e-09$	0.9974	-4.2532	2.2260

根据上述原则来比较三轮调查的最小值与最大值。从最小值来看，社会融合指标由第一轮的-3.0098，变为第二轮的-2.8308，然后又变为-4.2532。如果将第一轮调查看成是基础，那么，流动儿童的社会融合状况是先变好，然后逐步变差。最大值也呈现同样情况。这说明流动儿童的社会融合状况是随着时间在不断变化的。但是，这种分析仅仅针对每轮调查中的儿童而言，并不能够真正表现流动儿童社会融合的变动趋势。因为每轮调查中既有丢失样本，也有新增样本。如果要真正地了解流动儿童的社会融合状况，就必须利用在三轮调查中被全部跟踪的样本，才能真正地反映变化趋势。

7.1.2　儿童类型的比较

尽管无法利用总体的情况比较流动儿童社会融合的变化状况，但是不同类型的儿童之间的社会融合状况的比较是本研究的目标。表7-2给出了按学校性质分的流动儿童的社会融合状况，即在公立学校就读的流动儿童与在流动儿童学校就读的流动儿童。

表7-2　各类流动儿童社会融合状况综合指标的比较

—	公立流动	流动儿童	差异值	t 值
第一轮	0.2318 (0.0396) (457)	-0.1826 (0.0373) (580)	0.4144 (0.0548)	7.5636***
第二轮	0.3566 (0.0454) (433)	-0.2947 (0.0417) (524)	0.6513 (0.0617)	10.5511***
第三轮	0.3918 (0.04524) (419)	-0.2942 (0.04010) (559)	-0.6860 (0.0606)	-11.3102***

注：***表示 prob. <0.001；各单元格第一行数值表示各类样本均值；第二行括号内为均值的标准误；第三行括号内为样本规模。

表中的数据说明两类流动儿童具有完全不同的融合状况，公立学校流动儿童的社会融合状况的得分显著高于流动儿童学校中的流动儿童，而且这种差异性在三轮调查中显现出完全的一致性。尽管三轮调查的样本并不完全相同，但从总体上来看，可以首先得到的一个结论是：公立学校流动儿童的社会融合状况明显好于就读于流动儿童学校的流动儿童。这种结果既可能是流动儿童家庭背景（如父母亲的社会经济地位、父母亲的社会融合状况等）的影响，也可能是学校教育的结果，同时也包含着流动儿童与本地居民接触机会的影响。

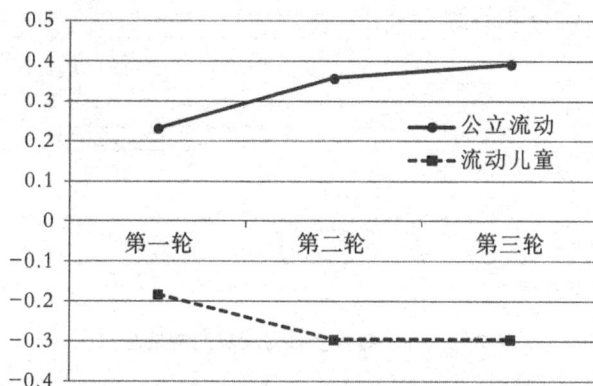

图7-1 两类流动儿童社会融合指标的变化

表7-3 各年级流动儿童社会融合状况综合指标的比较

一	一	三/四年级	五/六年级	差异值	t 值
第一轮	均值	0.1815	-0.1869	0.3684	6.7342***
	标准误 0.0398	0.0375	0.0547		
	样本规模	526	511		
第二轮	均值	0.1621	-0.1708	0.3330	5.1981***
	标准误	0.0442	0.0464	0.0644	
	样本规模	491	466		
第三轮	均值	-0.0171	0.0177	0.0348	-0.5456
	标准误	0.0449	0.0454	0.0639	
	样本规模	497	481		

注:* $p<0.05$,** $p<0.01$,*** $p<0.001$。

7.1.3 年级之间的比较

首先来看三轮调查中各年级流动儿童的社会融合状况。在第一、二轮调查中,各年级流动儿童的社会融合状况存在着显著的差异,如第一轮调查中三年级的均值为0.1815,而五年级的均值则为-0.1869,且 t 检验值显著。第二轮调查中的情况也基本相同。但是,第三轮调查时,年级之间的差异则已经消失了。这说明社会融合在最初队列(cohort)之间的差异会随着时间的推移与年龄的增长而逐步消失。且这种变化在各队列之间并不是一致地向好的方向发展,相反可能呈现出一种波浪形的曲折发展经历,即先由较低年龄段的融合得很好(所谓的两小无猜),到逐步形成了社会距离而使融合状况变差;但是再过一段时间,可能会由于流动儿童的自身调整,而使其适应这种社会环境,从而表现出较好的社会融合状况。当然这仅仅是假设队列的变化。

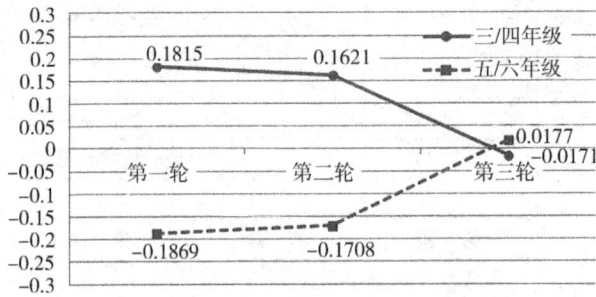

图7-2 分年级社会融合状况的发展趋势

不同类型的流动儿童呈现出不同的社会融合状况，因此年级之间的比较需要控制儿童的性质，即在相同性质的流动儿童中比较各年级的状况。表7-4给出了按照儿童性质和年级分的社会融合状况的综合评价指标。

表7-4 分年级和儿童属性的社会融合状况综合指标的比较

		公立流动				流动儿童			
		三/四	五/六	差异	t值	三/四	五/六	差异	t值
第一轮	均值	0.3480	0.1087	0.2392	3.0438***	0.04710	-0.4139	0.4610	6.3931***
	标准误	0.05450	0.05668	0.0786		10.05569	0.0457	0.0721	
	样本规模	235				222	291	289	
第二轮	均值	0.3268	0.3901	-0.0634	-0.6959	0.0182	-0.6076	0.6258	7.9340***
	标准误	0.0619	0.0669	0.0911		0.0615	0.0494	0.0789	
	样本规模	229	204			262	262		
第三轮	均值	0.3145	0.4877	-0.1733	-1.9100+	0.3094	-0.2823	-0.0251	-0.3129
	标准误	0.0579	0.0711	0.0908		0.0621	0.0518	0.0803	
	样本规模	232	187			265	293		

注：+p<0.10，*p<0.05，**p<0.01，***p<0.001。

第三轮公立学校中，双侧t检验时p<0.10，单侧检验时p<0.05。

首先，公立流动儿童的社会融合状况一直以来就好于流动儿童，这一点在各年级（事实上就是两个不同队列之间的比较）之间也是成立的。

其次，图7-3是利用表7-4的数据画出的各年级各类流动儿童社会融合的发展趋势。直观看，公立学校中，三年级流动儿童的社会融合指数尽管有小幅下降，但变化不显著；但五年级儿童则表现出较好的发展趋势，即由第一轮中低于三年级儿童的得分，逐步变成第三轮调查中高于三年级儿童的得分。这种情况说明公立流动儿童的社会融合状况在逐步变好。

但流动儿童学校中的流动儿童则表现出相反的变化趋势。五年级流动儿童的社会融合状况在第一轮调查中是最差的（起点最低）；第二轮调查中则显著地变得更差（p=0.0041）；而第三轮调查时的社会融合指数得分则高于第一轮调查结果，两者之间的差异（-0.1317，

对应的 t 值等于-1.9034），从单侧检验来看是显著的（$p=0.0287$），但双侧检验则在显著的边缘（$p=0.0575$）。这种变化过程有可能与流失样本或新增样本有关。三年级流动儿童的社会融合指数则一直处于下降的过程，第一、二轮调查之间的下降（变差）幅度并不显著，但第三轮调查结果变得显著地低于前两轮结果，甚至低于五年级流动儿童。

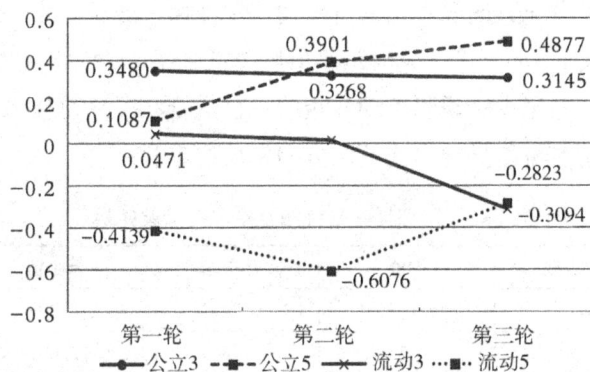

图 7-3　各年级各类流动儿童社会融合状况的发展趋势

7.1.4　其他分类指标

其他有关的指标包括性别与年龄。检验结果表明，流动儿童的社会融合状况在性别之间并不存在显著的差异；年龄对流动儿童的社会融合则存在显著的影响。在方差分析中，年龄和年级各自的主效应都显著，但两者交互效应不显著。这说明相同年级的流动儿童并没有因为年龄的差异而有差异；而年龄和年级则各自起着显著作用。在此不再赘述。

7.2　跟踪样本的结果比较

以上是将每次调查作为独立样本来分析的。在跟踪调查过程中，必然存在样本的流失与新增的问题。因此，上述比较事实上是两个队列的趋势比较研究，而并不是跟踪研究。真正的跟踪研究需要针对相同样本在不同时间上的状况来进行分析，也只有这样才能真正地刻画流动儿童社会融合的变化轨迹。

三轮调查都被跟踪的流动儿童共为 599 人。以下的分析将仅针对这批儿童展开。

7.2.1　总体指标

跟踪样本的社会融合状况概要指标在表 7-5 给出。三轮调查中，被跟踪的流动儿童的社会融合状况相当于是公立流动儿童的社会融合水平，其指标相对都比较高，且均低于总体(此处的总体系指三轮调查中的所有样本)的均值，表明跟踪样本的社会融合相对较好。从发展轨迹来看，三轮调查中被跟踪的流动儿童的社会融合指标是在逐步变好的，即后一轮调查的数小于前一轮调查的数据。但是，最小值存在着差异，说明流动儿童的社会融合状况可能存在着一定的分化，向着不同的方向发展。在第一轮调查中，最小值为−2.3992，第二轮时降低到−2.6821，而到第三轮时最小值则降低到了−4.2532。尽管这种最小值可能仅仅只是极端的例子，但至少它说明流动儿童的社会融合状况从总体来看是向好的方向发展，但对于个体而言则有可能呈现出向坏的方向发展的趋势。

表 7-5　跟踪样本社会融合状况的概要指标

—	样本规模	均值	标准差	最小值	最大值
第一轮	597	0.1137	0.8917	−2.3992	2.2844
第二轮	599	0.1259	0.9845	−2.6822	2.7666
第三轮	599	0.2008	0.9788	−4.2532	2.2260

7.2.2　儿童类型的比较

按儿童类型的比较结果请见表7-6和图7-4。图表中的结果表明，其一，两类流动儿童的社会融合状况与上述总体中所反映的情况是一致的，即公立流动儿童的社会融合状况都要好于流动儿童；其二，两类儿童的社会融合状况的发展轨迹并不相同，流动儿童是先下降，后上升，且上升后的水平(第三轮调查的结果)与上升前(第一轮测量的结果)并没有显著的差异(t=0.4309, sig.=0.6670)。如果将这种变化看成是测量误差，那么，流动儿童的社会融合状况在流动儿童学校中并没有发生显著的变化。

表 7-6　按儿童类型分的跟踪样本社会融合状况

—	—	公立流动	流动儿童	差异值	t 值
第一轮	均值	0.3086	−0.1951	−0.5037	−6.9877***
	标准误	0.0434	0.0593	0.0721	
第二轮	均值	0.4234	−0.3480	−0.7715	−10.0909***
	标准误	0.0476	0.0596	0.0765	
第三轮	均值	0.4302	−0.1647	−0.5951	−7.5742***
	标准误	0.0474	0.0643	0.0785	
样本规模		368	231		

注：* $p<0.10$，* $p<0.05$，** $p<0.01$，*** $p<0.001$。

但公立学校中，流动儿童社会融合的状况则呈现出一致的上升趋势，表明被跟踪的公立流动儿童的社会融合状况一直在逐步变好；且与流动儿童学校不同的是，第一轮结果与第三轮结果之间存在着显著的差异（$t = 2.5776$，sig. $= 0.0052$）。就是说，在公立学校中就读的流动儿童的社会融合状况在经过一年以后（暂时不考虑其在迁入地的居住时间长度，就以第一轮调查的结果为基础），已经发生了显著的改善。这种结果体现了公立学校在流动儿童社会融合过程中的作用。当然在这一步，这种学校之间的差异既可能是学校教育因素，也可能是由于社会接触造成的，还有可能与其家庭背景有直接的联系。

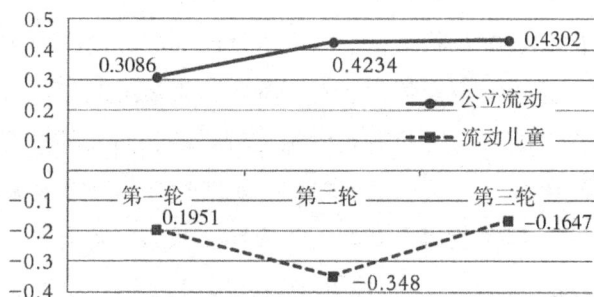

图 7-4　两类流动儿童跟踪样本的社会融合发展轨迹

7.2.3　各年级之间的比较

跟踪样本按年级来分的社会融合发展状况的发展轨迹请见图 7-5 和表 7-7。

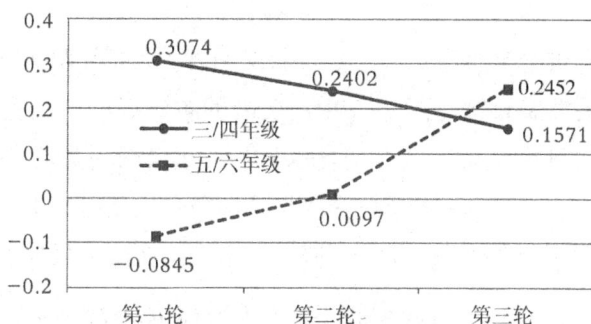

图 7-5　各年级各类流动儿童社会融合状况的发展轨迹

表 7-7　各年级跟踪样本的社会融合状况的比较

—	—	三年级	五年级	差异值	t 值
第一轮	均值	0.3074	-0.0845	-0.3919	-5.4996***
	标准误	0.0489	0.0519	0.0713	
第二轮	均值	0.2402	0.0097	0.2305	-2.8820***
	标准误	0.0546	0.0585	0.0800	

—	—	三年级	五年级	差异值	t 值
第三轮	均值	0.1571	0.2452	0.0882	1.1024
	标准误	0.0563	0.0568	0.0800	
样本规模		302	297		

注：$^*p<0.10$，$^*p<0.05$，$^{**}p<0.01$，$^{***}p<0.001$。

三年级流动儿童的社会融合状况在一年中由好向坏的方向在发展；而五年级儿童的发展方向则正好相反。这里有两点值得注意：其一，发展的起始位置的不同，即三年级的流动儿童的社会融合状况在第一轮调查中是比较好的，而五年级的则是处于较低的位置（相对较差的社会融合状况）。其二，发展方向的不同。三年级流动儿童的社会融合状况尽管改变得比较慢，但是其得分是在逐步提高，且第三轮与第一轮之间存在着显著的差异（$t=-2.4648$，sig. $=0.0143$）；而五年级儿童社会融合状况，尽管起点较高，基础不好，但是他们的社会融合状况却在逐步变好。这种年级之间的差异，事实上代表着两个不同队列的流动儿童的社会融合发展状况。不同的队列处于不同的时期，也处于不同的社会环境之中。这种队列的改变既体现了社会发展的过程，也体现了不同年龄段（或年级）的变化。

7.2.4 各年级、各类流动儿童之间的比较

跟踪样本按年级与儿童属性分的社会融合状况的有关指标请见表7-8。他们的发展轨迹请见图7-6。他们的发展轨迹与图7-3中所反映的各年级两类儿童的发展轨迹基本相同。公立五年级儿童的社会融合一致在变好以外，三年级的两类流动儿童则都在逐步变差，只是从变化速度上，流动儿童的下降速度更快，公立儿童要慢于流动儿童。而五年级流动儿童的变化仍然呈现出曲线形，即先下降，后上升。在此不再赘述。

表7-8 分年级和儿童属性的跟踪样本社会融合状况综合指标的比较

—	—	公立流动				流动儿童			
—	—	三/四	五/六	差异	t 值	三/四	五/六	差异	t 值
第一轮	均值	0.3938	0.2082	0.1856	2.1432*	0.1428	−0.4718	0.6146	5.4741***
	标准误	0.0579	0.0647	0.0866		0.0878	0.0718	0.1123	
第二轮	均值	0.3789	0.4753	−0.0964	1.0086	−0.0239	−0.6134	0.5895	5.1901***
	标准误	0.0647	0.0703	0.0955		0.0948	0.0674	0.1136	
第三轮	均值	0.3399	0.5354	0.1955	2.0671*	−0.1910	−0.1432	−0.0478	0.3689
	标准误	0.0594	0.0751	0.0946		0.1107	0.0743	0.1295	
样本规模198		170				104	127		

注：$^*p<0.10$，$^*p<0.05$，$^{**}p<0.10$，$^{***}p<0.001$。

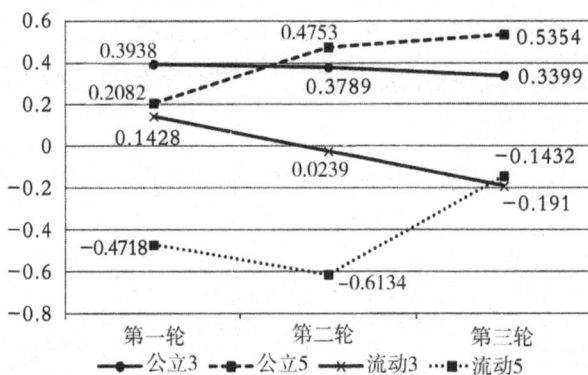

图 7-6 各年级各类流动儿童社会融合状况的发展轨迹

7.3 基于描述的几点结论

根据三轮调查总体样本的情况可以得到以下几点：

其一，流动儿童的社会融合状况在各类学校中呈现出不同的状况，相对而言，就读于公立学校的流动儿童的社会融合状况要好于就读于流动儿童学校的流动儿童。

其二，从三轮调查的总体样本的发展轨迹来看，公立流动儿童的社会融合状况总体上呈现变好的趋势，但流动儿童的社会融合状况则一直维持甚至于朝向较差的状态。

其三，从队列的角度来看，较高年级的队列（五年级）的社会融合状况是由差向好转变，而低年级的队列（三年级）则是由好向差的方向转变。

其四，就读于不同学校的各队列儿童具有不同的发展轨迹。尽管公立流动儿童的社会融合状况相对较好；但其中三年级公立流动儿童的社会融合状况处于平缓地变差过程，五年级的公立流动儿童则表现出较好的社会融合的发展趋势。在流动儿童学校就读的学生，三年级儿童是由相对较好的社会融合状况向着较差的方向发展；而五年级的则呈现出波折的态势，但最终有一定程度的好转。

基于跟踪样本的分析结果主要可以归结为以下几点：

其一，被跟踪的流动儿童的社会融合综合指标低于总体平均水平（此处的总体系指三轮调查中的所有样本），表明社会融合相对较好。

其二，从发展轨迹来看，三轮调查中被跟踪的流动儿童的社会融合指标是在逐步变好的。

其三，从儿童类型来看，公立流动儿童的社会融合得分是直线下降的，即具有平衡地变好的趋势；而流动儿童则是波折的，但最终结果也是在变好。

其四，从队列的角度来看，三年级儿童的社会融合呈现出直线上升，即变差的趋势，而五年级儿童则是大幅下降的趋势。

其五，按年级和儿童类型来看，跟踪样本与三轮独立样本之间基本相同。

8

结论与反思

~~~~~~

8.1　结论

（1）流动儿童的身份认同由二个维度构成，分别为：身份识别、情感归属和行为倾向；

（2）本研究在前期访谈和开放式问卷的基础上，同时结合自我身份认同理论和社会身份认同理论，编制了《流动儿童身份认同问卷》，经统计结果表明，该问卷达到了心理测量学的相关要求，可作为流动儿童身份认同的测量工具；

（3）流动儿童身份认同总体处于中等略偏上水平，年级、进城时间、父亲文化程度、家庭经济状况、周围居住环境、住房、学习成绩好坏、与周围人际关系等人口学变量分别对流动儿童身份认同一个或多个维度有显著影响；

（4）流动儿童身份认同水平通过聚类分析划分为四类，分别为：边缘型、混淆型、进入型和固化型；

（5）自尊心、社会支持与流动儿童身份认同均呈正相关；自尊和社会支持对流动儿童的身份认同各维度及总分具有显著的正向预测作用；

（6）通过团体心理辅导，能有效的改善流动儿童身份认同状况；团体小组成员在团体辅导结束后的感受进一步证明了干预的有效性，追踪结果表明干预具有较好的维持效果。

8.2 对完善流动儿童身份认同的启示和建议

流动儿童的身份认同问题是在特定的时代背景下衍生出来的问题，正所谓"冰冻三尺，非一日之寒"，解冻和消融需要一定的时间，要从思想乃至心理解除流动儿童身份认同的障碍是一个漫长的过程。流动儿童身份认同问题是社会和谐与稳定必须解决的难题，然而解决这一问题的关键在于"怎样解冻"。

（1）深化户籍制度的改革，为解决流动儿童身份认同危机营造公平的制度环境。

城乡二元化制度将整个社会群体划分为农民和市民两大类，将社会中的一部分人隔离于城市的社会资源以外，从而形成了城乡对立的二元结构❶。然而，正是因为制度的设置和社会结构造就了与之相关的社会隔阂和若干不公平的政策；国家应改革当前的城乡二元化制度，探寻更为科学与合理的流动人口管理制度；同时，政府应让流动儿童享有与当地儿童相等的权利，尤其是享有同等受教育的权利；并针对流动儿童给予相应的社会福利和救济，改善其弱势境遇；由此消除由于种种原因给其造成的心灵隔阂与身份困惑阴影，为其身份认同提供相对公平的制度庇护。然而，全面取消城乡二元制度目前是不现实的，它是一个循序渐进的过程。虽然当前国家已经出台了相关政策，并在一定程度上保障了流动儿童的相关合法权益，但力度和广度不够，还存在诸多问题亟待解决。

（2）规范与变革学校相关制度，为促进其身份认同构建良好的教育氛围。

流动儿童的身份建构不是自然而然形成的，而是在长期的流动生活和日常交往过程中逐渐建构的，而构成流动儿童日常生活最主要的场所便是学校。学校是该群体在城市的主要活动场所，且具有教导学生和培育学生的功能。它对促进流动儿童形成合理的身份认同，并消除其身份认同危机扮演着举足轻重的角色。学校应从以下两方面着手：①规范相关制度对于流动儿童的明文规定，也就是要求学校接纳流动儿童，对流动儿童"一视同仁"，禁止歧视和排斥流动儿童，并引导其积极融入城市及校园生活。②实施更为合理的教育理念。冯帮认为（2011）城市居民群体对农村流动群体的偏见和歧视，其重要原因是双方群体间存在着误解和隔阂❷。因此应积极引导城市群体和该群体的双向认同，并对认同失败和障碍进行积极补救。

（3）加强流动儿童心理健康教育，构建积极的归类模式，为流动儿童的身份认同提供

---

❶ 李强. 农民工与中国社会分层[M]. 社会科学文献出版社，2004，313.

❷ 冯帮. 流动儿童身份认同危机的表现、成因及对策[J]. 学前教育研究，2011.

素质保障。

积极的、正面的自我归类模式可以帮助流动儿童挣脱其制度性身份的束缚；反之，消极、负面的自我归类模式则会凸显歧视身份，进而固化其潜在的身份隐患。积极的自我归类模式是正确进行身份认同的基础，所以应该给予该群体相应的心理支持与援助，引导其形成合理的自我归类：

①培养其和谐的归属感；研究表示：流动儿童的城市归属感是一种矛盾与不和谐的态势❶。这就要求学校等相关教育部门注意培养流动儿童对迁入地的归属感与责任感，引导其积极地融入迁入地生活。鼓励该群体主动吸纳城市文明，与城市群体进行适当的接触与交流，以此预防其更深层次的心理边缘化。②培养流动儿童形成合理的自我分类意识。流动儿童能否对自身形成合理的定位与评价，关键在于其能否主动融入城市。因此，除了开设相关课程，学校等相关部门应该通过团体（小组）和家庭访谈的形式，组织流动儿童与城市儿童的常住互助小组，更多地接触城市生活，内化城市的价值观、生活习惯，实现心理角色的转变。③提升流动儿童的心理素质。学校等相关部门可针对流动儿童定期开展心理健康教育，将社会工作与心理辅导相结合，引导其对事物正确的判断与认知，扭转其非理性的认知，进而明确其身份定位。政府、学校、家长和老师等相关部门都有义务帮助流动儿童形成对身份合理的认知，充分认识到城市与农村仅仅只是其生活方式不同而无好坏之分。应引导该群体形成正确的人生观和价值观，增强其抗挫折和心理调适能力，由此推进其形成合理与积极的自我归类模式。

（4）积极发展社区工作，发挥社区整合功能，为流动儿童的身份认同营造良好的社区结构，给予更多的社会支持。

从相关研究得知，流动儿童由于受到经济条件等因素的制约，其大都居住在"城市的村庄"。从王莹研究调查的结果来看（2005）社区在流动儿童生活中的作用基本是处于空白阶段。政府和社会应把外来流动人口聚居的社区发展和规划问题重视起来，把社区工作和社区规划在法规和政策上将流动儿童（外来务工人员）的管理和服务涵盖于内，要扩展其社区规划的覆盖面❷。从技术和政策上探讨与流动人口相关的社区问题。社区可以针对流动儿童开设青少年活动中心，举办活动，为流动儿童与本地城市儿童的认识和交流创造条件，同时加深流动儿童对社区和该城市的了解，从而增强流动儿童对所住社区的归属感；同时，组织不同社区间的相互交流与联络，让流动儿童走出其相对封闭的生活区域，接触更为开阔的世界；而社区组织如社区居委会等，应加强对该区的生活的了解，社区组织应定期地对流动儿童家庭的生活现状和面临的一些困难进行收集与汇总，并及时向相关上级

---

❶ 王春光. 农村流动人口的"半城市化"问题研究[J]. 社会学研究，2006.
❷ 王莹，杨贵庆. 社会转型期城市社区建设[M]. 中国建筑工业出版社，2009.

部门反映，为流动儿童本身及家庭争取到更多的资源与支持。加强本地市民与流动人口的互动与交流。同时相关媒体在关注流动儿童时应多做正面的引导，主动肩负起消除城市人与流动人口的心理隔膜任务。大众传媒应站在公正、公平的角度对流动儿童进行报道，引导城市人对该群体的正确认识。

8.3 本研究的不足与展望

本研究编制了流动儿童身份认同问卷，对流动儿童身份认同现状进行了分析；并根据其调查结果设计团体心理辅导方案，对部分流动儿童的身份认同进行了干预。但由于笔者自身研究能力和研究条件等的限制，本研究还存在诸多不足，今后需对其进一步地深化与完善。本研究需改进与深入的地方如下：

（1）研究工具。

本研究编制了流动儿童身份认同问卷来了解流动儿童的身份认同的基本概况，其包含了身份识别、情感归属和行为倾向三个因素。然而，由于量表的编制与研究是建立在以昆明和大理的几所农民子弟工学校基础上，研究对象的局限在一定程度上决定了研究工具范围的有限性，随着日后研究的深入与发展，将来有必要选取更多流动儿童为被试对该量表进行修订与完善。

（2）心理干预。

团体领导者虽然学习过团体辅导的相关理论，并有着个体和团体咨询的经验。但由于其实践经验尚浅，在团体活动的设计和实施还存在不足，团体领导力还有待提升；因此，在今后的学习中，研究者还需加强学习与实践，不断累积经验与阅历，完善其团体领导的能力。

参考文献

[1]段成荣,梁宏.我国流动儿童状况[J].人口研究,2004(1):53-59.

[2]第七次全国人口普查公报(第七号)——城乡人口和流动人口情况[EB/OL].[2021-5-11].

[3]中国流动人口发展报告2021[EB/OL].[2022-1-12].

[4]魏佳羽.中国流动人口子女发展报告2022.[R].2022.

[5]李培林,李炜.农民工在中国转型中的经济地位和社会态度[J].社会学研究,2007(8):18-20,33.

[6]郑友富.俞国良.流动儿童身份认同与人格特征研究[J].教育研究,2009,30(5):99-102.

[7]冯帮.流动儿童身份认同危机的表现、成因及对策[J].学前教育研究,2011(7):38-41.

[8]徐志刚.信任与城市流动儿童社会认同威胁的消解[J].当代教育科学,2014(6):7-9.

[9]刘红升,靳小怡.农村流动儿童的身份认同及影响因素研究——基于深圳市流动儿童调查数据的分析[J].华中农业大学学报(社会科学版),2018(6):112-122,157.

[10]于峥嵘.法国骚乱提示中国未雨绸缪[EB/OL].

[11]张国华,雷雳,邹泓.青少年的自我认同与"网络成瘾"的关系[J].中国临床心理学杂志,2008(1):37-39,58.

[12]熊易寒.城市化的孩子:农民工子女身份生产与政治社会化[M].上海:上海人民出版社,2010.

[13]梅传强.转型期我国城镇化进程中未成年人犯罪防控研究[M].北京:法律出版社,2014.

[14]唐杰,聂炜烨,秦波.流动人口身份认同的多维测度及影响因素[J].中国人民大学学报,2020,34(2):29-37.

[15]裴慧慧.城市流动儿童自我身份认同困境的个案工作干预研究[D].吉安:井冈山大学,2021.

[16]李虹,倪士光,黄琳妍.流动人口自我身份认同的现状与政策建议[J].西北师大学报

（社会科学版），2012,49（4）:68-74.

［17］成全,张露.就业青年流动人口的身份认同及影响因素研究［J］.海南大学学报（人文社会科学版），2023（1）:79-86.

［18］史秋霞,王毅杰.户籍制度背景下流动儿童的社会认同图景［J］.青年研究,2009（6）:56-63,93.

［19］白文飞,徐玲.流动儿童社会融合的身份认同问题研究——以北京市为例［J］.中国社会科学院研究生院学报,2009（2）:18-25.

［20］孟艳俊.流动儿童社会融合状况的比较研究［D］.北京:首都经济贸易大学,2008.

［21］流动儿童少年就学暂行办法［EB/OL］.

［22］孙频捷.身份认同研究浅析［J］.前沿,2010（2）:68-70.

［23］张淑华,李海莹,刘芳.身份认同研究综述［J］.心理研究,2012,5（1）:21-27.

［24］杨菊华,张娇娇,吴敏.此心安处是吾乡——流动人口身份认同的区域差异研究［J］.人口与经济,2016（4）:21-33.

［25］崔岩.流动人口心理层面的社会融入和身份认同问题研究［J］.社会学研究,2012,27（5）:141-160,244.

［26］侯亚杰,姚红.流动人口身份认同的模式与差异基于潜类别分析的方法［J］.人口研究,2016,40（2）:38-49.

［27］朱力.准市民的身份定位［J］.南京大学学报（哲学.人文科学.社会科学）,2000（6）:113-122.

［28］刘芳,李海莹.新生代农民工身份认同研究现状综述［J］.科教导刊（中旬刊）,2011（18）:166-167.

［29］杨菊华,张莹,陈志光.北京市流动人口身份认同研究——基于不同代际、户籍及地区的比较［J］.人口与经济,2013（3）:43-52.

［30］韩晓峰,郭金山.论自我同一性概念的整合［J］.心理学探新,2004（2）:7-11.

［31］MARCIA J. Development and Validation of ego-identity status［J］. Social Psychology,1966（3）:551-558.

［32］TAJFEI H. Human groups and social categories［M］. Cambridge, England:Cambridge University Press, 1981.

［33］BROWN R. Social Identity Theory:past achievements, current problems and future challenges［J］. European Journal Social Psychology, 2000（30）:745-778.

［34］赵志铭,温静,谭俭邦.社会认同的基本心路历程——香港回归中国的研究范例［J］.社会学研究,2005（5）:202-227,246.

［35］方文.学科制度和社会认同［M］.北京:中国人民大学出版社,2008.

[36] BROWM R. Social Identity theory：Past achievements，current problems and future challenges[J]. European Journal Social Psychology，2000（30）：745-778.

[37] HOGG MICHAEL A，DEBORAH J T，KAATHERINE M W，1995，A tale of two stories："A critical of identity theory with social identity theory"[J]. Social Psychology Quarterly，Vol. 58（4）：255-269.

[38] 王思斌. 社会工作导论[M]. 北京：高等教育出版，2010.

[39] 李志刚，梁奇，林赛南. 转型期中国大城市流动人口的身份认同、特征与机制[J]. 地理科学，2020，40（1）：40-49.

[40] 李荣彬，张丽艳. 流动人口身份认同的现状及影响因素研究——基于我国 106 个城市的调查数据[J]. 人口与经济，2012（4）：79-86.

[41] 唐有财. 流动儿童的城市融入-基于北京、广州、成都三城市的调查[J]. 青年研究，2009（1）：30-38，94.

[42] 高水红. 学校教育与农民工子女的身份认同[J]. 当代教育科学，2008（22）：11-15.

[43] 李淼. 城乡二元结构与流动儿童自我身份建构研究[D]. 北京：中国人民大学，2008.

[44] 陈静静. 流动儿童的城市适应研究-从流动儿童的教育生活谈起[D]. 福州：福建师范大学，2010.

[45] 刘杨等. 流动儿童社会处境、发展状况及影响机制[M]. 北京：北京大学出版社，2013.

[46] 石长慧. 城市更好：流动少年的身份认同与群体偏好[J]. 中国农村观察，2010（3）：2-12，36.

[47] 刘杨，方晓义. 流动儿童身份认同与城市适应的关系[J]. 社会科学战线，2013（6）：190-194.

[48] 刘杨. 流动儿童社会处境、发展状况及影响机制[M]. 北京：北京大学出版社，2013.

[49] 刘红升，靳小怡. 农村流动儿童的身份认同及其影响因素研究——基于深圳市流动儿童调查数据的分析[J]. 华中农业大学学报（社会科学版），2018（6）：112-122，157.

[50] 王毅杰，高燕. 流动儿童与城市社会融合[M]. 北京：社会科学文献出版社，2010.

[51] 郑友富，俞国良. 流动儿童身份认同与人格特征研究[J]. 教育研究，2009，30（5）：99-102.

[52] 石长慧. 我是谁：流动少年的多元身份认同[J]. 青年研究，2010（1）：25-39，94.

[53] 王毅杰，史秋霞. 参照群体下流动儿童的身份意识及成因[J]. 南京工业大学学报（社会科学版），2008（3）：53-57.

[54] 王莹. 身份认同与身份建构研究评析[J]. 河南师范大学学报（哲学社会科学版），2008（1）：50-53.

[55] 方文. 政治体中的信徒——公民困境：群体资格路径[J]. 北京大学学报（哲学社会科学

版),2009,46(4):89-95.

[56]刘文博.流动人口的身份认同:文献综述与研究展望[J].北京科技大学学报(社会科学版),2021,37(3):299-306.

[57]金瑜.心理测量[M].上海:华东师范大学出版社,2001.

[58]TAJFEI H. Human groups and social categories[M]. Cambridge, England:Cambridge University Press,1981.

[59]BROWN R. Social Identity Theory:past achievements, current problems and future challenges. European Journal Social Psychology, 2000, 30:745-778.

[60]ADRIANA J,UMAA-TAYLOR,ALFARO E C, et al. The central role of familial ethnic socialization in Latino adolescents'cultural orientation[J].Journal of Marriage and Family , 2009(71):46-60.

[61]CHEEK J M,TROOP L R,CHEN L C,et al. Identity orientations :Personal, social and collective aspects of identity [R]. Paper presented at the 104 Annual Convention of the American Psychological Association, Los Angelse,California,1994.

[62]吴明隆.问卷统计分析实务—SPSS 操作与应用[M].重庆:重庆大学出版社,2010.

[63]骆方,张厚粲.使用验证性因素分析检验测验的多维性的实验研究[J].统计研究,2006 (4):76-79.

[64]侯杰泰,温忠麟,成娟子,等.结构方程模型及其应用[M].北京:教育科学出版社,2004.

[65]温忠麟,侯杰泰,马什赫伯特.结构方程模型检验:拟合指数与卡方准则[J].心理学报,2004(2):186-194.

[66]STEIGER J H.Structure model evaliation and modification:An interval estimation approach [J]. Multivariate Behavioral Research,1990(25):173-180.

[67]陈胜可,刘荣.SPSS 统计分析从入门到精通.[M]北京:清华大学出版社,2015.

[68]刘杨.流动儿童社会处境、发展状况及影响机制[M].北京:北京大学出版社,2013.

[69]王春光.新生代农村流动人口的社会认同与城乡融合的关系[J].社会学研究,2001 (3):63-76.

[70]ARONOWITZ M. The social and emotional adjustment of immigrant children [J]. International Migration Review,1984(26):89-110.

[71]CYNTHIA C, MAGNUSON, K. The psychological experience of immigration: A developmental perspective[J]. U. S:Immigration and the family research and policy on, 1997:91-131.

[72]刘杨,方晓义.流动儿童歧视、社会身份冲突与城市适应的关系[J].人口与发展,2012,18(1):19-27,57.

[73]周皓,章宁.流动儿童与社会整合[J].中国人口科学,2003(4):69-73.

[74]苏文.流动儿童城市角色认同及其影响因素研究[D].重庆:西南大学,2011.

[75]史秋霞,王毅杰.户籍制度背景下流动儿童的社会认同图景.[J].青年研究,2009(6):56-63.

[76]白文飞,徐玲.流动儿童社会融合的身份认同问题研究——以北京市为例[J].中国社会科学院研究生院学报,2009(2):8-16.

[77]熊易寒.城市化的孩子:农民工子女的城乡认知与身份意识[J].中国农村观察,2009(3):2-11,45,95.

[78]王莹.对城市中流动儿童社会适应状况的考察与分析[D].郑州:郑州大学,2005.

[79]张旻蕊.农民工随迁子女的城市融入问题研究[J].学理论,2013(26):73-74.

[80]雷鹏.流动儿童身份认同及影响因素[D].重庆:西南大学,2012.

[81]雷鹏,陈旭,王雪平,等.流动儿童疏离感现状、成因及对策[J].教育导刊,2011(10):25-28.

[82]郭良春,姚远,杨变云.公立学校流动儿童少年城市适应性研究—北京市JF中学的个案调查[J].中国青年研究,2005(9):50-55.

[83]史柏年.城市边缘人—进城农民工家庭及其子女问题研究[M].北京:社会科学文献出版社,2005.

[84]王毅杰,梁子浪.试析流动儿童与城市社会的融合困境[J].市场与人口分析,2007(6):58-63,71.

[85]周斌,揭新华,聂洪辉.新生代农民工和流动儿童的城市融入与社区建设—兼论巴黎骚乱对构建和谐社区的启示[J].福建省社会学院学报,2008(2):84-89.

[86]VERONICA N, SHARON R J. Cultural homelessness, multiminority status, ethnic identity development, and self esteem[J]. International Journal of Intercultural Relations, 2011(35):791-804.

[87]董慧中,唐春芳,吴明霞,等.流动儿童自尊特点及其与学校态度的相关研究[J].内蒙古师范大学学报(教育科学版),2012,25(2):43-46.

[88]纪婷婷,邓欢,马静,等.流动儿童的角色认同及其与自尊的关系[J].贵州师范大学学报,2012,30(3):31-36.

[89]刘杨,方晓义,蔡荣,等.流动儿童城市适应状况及过程——一项质性研究的结果[J].北京师范大学学报(社会科学版),2008(3):9-20.

[90]BIRMAN D,TRICKETT E J,VINOKUROV A. Acculturation and adaptation of soviet jewish refugee adolescent:Prediction of adjustment across domains[J]. American Journal of Community Psychology,2002,30(5):585-607.

[91]刘杨,方晓义.流动儿童社会身份认同与城市适应的关系[J].社会科学战线,2013(6):190-194

[92]邓欢,马静,纪婷婷,江琦.流动儿童社会支持与歧视知觉:角色认同的调节作用[J].内蒙古大学学报,2012,25(2):39-42.

[93]李小青,绉泓,王瑞敏.北京市流动儿童自尊的发展特点及其与学业行为、师生关系的相关研究[J].心理科学,2008(4):909-913.

[94]樊富珉.团体咨询的理论与实践[M].北京.清华大学出版社,1996.

[95]杨茂庆,赵红艳,邓晓莉.流动儿童城市社会融入现状及对策研究——以贵州D市为例[J].教育学术月刊,2021(10):68-74.

[96]李强.农民工与中国社会分层[M].北京:社会科学文献出版社,2012.

[97]王春光.农村流动人口的"半城市化"问题研究[J].社会学研究,2006(5):107-122,244.

[98]王莹.社会转型期的城市社区建设[M].北京:中国建筑工业出版社,2009.

附　　录

附录一　流动儿童身份认同预测问卷

亲爱的同学:

你好! 首先感谢你抽出宝贵时间填写这份问卷。我是云南师范大学的一名研究生,目前对同学们的生活学习状况做一些调查。本研究的题目选项没有好坏或对错之分,因此,请根据你对问题的理解真实作答。你回答的真实性将对研究具有非常重要的影响。此次调查结果仅供科研之用,问卷匿名填写,并且承诺绝对保密。衷心感谢你的支持与合作!

第一部分:一般情况调查表

下面是对你的一般情况调查,请你根据自己的实际情况在适合你情况的数字打"√"。请根据题目要求认真回答,谢谢你的合作。

1. 你的性别是:①男　②女

2. 年级:①四年级　②五年级　③六年级　④初一　⑤初二　⑥初三

第二部分:

下面描述了你们生活中出现的一些感受,请选中符合你现状的条目;符合程度:"1" = 完全不符合,"2" = 基本不符合,"3" = 不确定,"4" = 基本符合,"5" = 完全符合。每个题目只能选一个数字,不要多选,不要漏选,也不要错行。谢谢!

符 合 程 度	完全不符合	基本不符合	不确定	基本符合	完全符合
1. 我与本地人相处融洽	1	2	3	4	5
2. 我更喜欢用普通话同别人交流,而不是老家的方言	1	2	3	4	5
3. 当有人在说外地人的好坏时,我觉得就像在说我自己一样	1	2	3	4	5
4. 我觉得我是这里的一员	1	2	3	4	5
5. 比起本地人,我更喜欢同和我一样的外地人交往	1	2	3	4	5

续表

符 合 程 度	完全不符合	基本不符合	不确定	基本符合	完全符合
6. 老家的人更有人情味,而这里的人更冷漠	1	2	3	4	5
7. 我有时觉得本地人看不起我们外地人	1	2	3	4	5
8. 我不愿意让别人知道我是外地人	1	2	3	4	5
9. 我有时在想:为什么我是外地人,不是本地人	1	2	3	4	5
10. 我觉得这里的"家"只是一个临时的住所,没有"家"的感觉	1	2	3	4	5
11. 有时我为自己是一名外地人而苦恼	1	2	3	4	5
12. 这里虽然比老家繁荣,但我还是想要回老家	1	2	3	4	5
13. 在这儿生活久了,我觉得我就是这里的人	1	2	3	4	5
14. 我愿意与本地人的交朋友	1	2	3	4	5
15. 总的来说,我是外地人这一事实对我没有太大影响	1	2	3	4	5
16. 本地人可以通过我的说话和穿着知道我是一名外地人	1	2	3	4	5
17. 同别人交往时,我会顾虑自己是外地人这一事实	1	2	3	4	5
18. 我有时觉得自己在这里是多余的,不属于这个地方	1	2	3	4	5
19. 我认识的当地人大部分都没有老家的人好	1	2	3	4	5
20. 比起本地人,同和我一样的外地人交往,我觉得更舒服自在	1	2	3	4	5
21. 如果可以的话,我更愿意回老家生活和学习	1	2	3	4	5
22. 我觉得本地人不好相处	1	2	3	4	5
23. 同老家的人相比,这里的大多数人更有文化和礼貌	1	2	3	4	5
24. 我很关心老家发生的事情,而对这里发生的事情漠不关心	1	2	3	4	5
25. 我尽可能多地了解本地文化,以便能更好地与本地人沟通与交流	1	2	3	4	5
26. 我觉得本地的人并不想与我们外地人交往	1	2	3	4	5
27. 我有时在想:假如我没来这里,没和这里的人打交道或许会更好	1	2	3	4	5
28. 我觉得我同这儿的本地人是一样的,没有区别	1	2	3	4	5
29. 在交朋友时,我觉得是本地人还是外地人并不重要	1	2	3	4	5
30. 我觉得本地人不太接纳我们外地人	1	2	3	4	5

附录二　调查问卷

亲爱的同学:

你好!首先感谢你抽出宝贵时间填写这份问卷。我是云南师范大学的一名研究生,目前对同学们的生活学习状况做一些调查,目的是对你们生活现状的了解。本研究的题目选项没有好坏或对错之分,因此,请根据你对问题的理解真实作答。你回答的真实性将对研究具有非常重要的影响。此次调查结果仅供科研之用,问卷匿名填写,并且承诺绝对保密。衷心感谢你的支持与合作!

第一部分:一般情况调查表

下面是对你的一般情况调查,请你根据自己的实际情况在适合你情况的数字打"√"。请根据题目要求认真回答,谢谢你的合作!

1. 你的性别是:①男　②女

2. 年级:①四年级　②五年级　③六年级　④初一　⑤初二　⑥初三

3. 是否是班委:①是　②否

4. 你的出生地:①现居住地　②老家　③不清楚

5. 你的户口所在地:①老家(属于:A 城市　B 农村)②现居住地

6. 你现在居住在:①城市　②农村　③城郊接合部

7. 你认为你是哪儿的人:①农村人 ②城市人 ③不清楚 ④既不是农村人,也不是城市人

8. 你离开农村,到城市的时间:

①1 年以内　②1-3 年　③3 年以上　④一直生活在此

9. 你主要和谁居住在一起:

①只是父亲　②只是母亲　③父母　④ 其他

10. 你多长时间回老家一次,下列哪种情况最符合:

①平均半年回一次　②只是每次回家过年　③偶尔回一次　④一直没回老家

11. 你父亲的文化程度:

①小学及以下 ②初中　③高中(含中专、职业学校等)④大专及以上

12. 你母亲的文化程度:

①小学及以下 ②初中　③高中(含中专、职业学校等)④大专及以上

13. 你父亲的职业:

①服务员 ②个体商贩 ③建筑工人 ④工厂工人 ⑤公务员 ⑥其他(e.g. 保姆、搬运、清洁工)

14. 你母亲的职业

①服务员 ②个体商贩 ③建筑工人 ④工厂工人 ⑤公务员 ⑥其他(e.g. 保姆、搬运、清洁工)

15. 你觉得,你家的经济情况怎样:①非常好　②比较好　③一般　④不好　⑤很不好

16. 在这座城市里,你住的地方周围:

①城里人比较多　②外地人比较多　③城里人与外地人差不多

17. 你们家现在住的房子是：

①自己家租赁的 ②自己家买的房 ③借住在朋友或亲戚家 ④父母工作单位提供的住房

18. 总体来说，你觉得你在班上的学习成绩处于：①上等 ②中等 ③下等

19. 你与周围人的关系：①非常不好 ②一般 ③非常好

20. 你喜欢在哪里读书：①城市当地的学校 ②家乡 ③无所谓

21. 你喜欢现在生活的城市吗？①非常喜欢 ②一般 ③不喜欢 ④不清楚

第二部分：

下面描述了你们生活中出现的一些感受，请选中符合你现状的条目；符合程度："1"=完全不符合，"2"=基本不符合，"3"=不确定，"4"=基本符合，"5"=完全符合。每个题目只能选一个数字，不要多选，不要漏选，也不要错行。谢谢！

问 卷 内 容	完全不符合	基本不符合	不确定	基本符合	完全符合
1. 我与本地人相处融洽	1	2	3	4	5
2. 老家的人更有人情味，而这里的人更冷漠	1	2	3	4	5
3. 我有时觉得本地人看不起我们外地人	1	2	3	4	5
4. 我不愿意让别人知道我是外地人	1	2	3	4	5
5. 我有时在想：为什么我是外地人，不是本地人	1	2	3	4	5
6. 我觉得这里的"家"只是一个临时的住所，没有"家"的感觉	1	2	3	4	5
7. 有时我为自己是一名外地人而苦恼	1	2	3	4	5
8. 在这儿生活久了，我觉得我就是这里的人	1	2	3	4	5
9. 我愿意与本地人的交朋友	1	2	3	4	5
10. 我有时觉得自己在这里是多余的，不属于这个地方	1	2	3	4	5
11. 如果可以的话，我更愿意回老家生活和学习	1	2	3	4	5
12. 我觉得本地人不好相处	1	2	3	4	5
13. 我很关心老家发生的事情，而对这里发生的事情漠不关心	1	2	3	4	5
14. 我尽可能多地了解本地文化，以便能更好地与本地人沟通与交流	1	2	3	4	5
15. 我觉得本地的人并不想与我们外地人交往	1	2	3	4	5
16. 我有时在想：假如我没来这里，没和这里的人打交道或许会更好	1	2	3	4	5
17. 我觉得我同这儿的本地人是一样的，没有区别	1	2	3	4	5
18. 在交朋友时，我觉得是本地人还是外地人并不重要	1	2	3	4	5
19. 我觉得本地人不太接纳我们外地人	1	2	3	4	5

附录三　团体效果评估问卷

团体成员的整体效果评估

问　卷　内　容	非常同意	同意	不同意	非常不同意
1. 在团体中我感觉很舒服、温暖、有安全感	1	2	3	4
2. 我能在团体中敞开心扉,用真诚的心和成员们分享自己的苦恼	1	2	3	4
3. 这次团体活动使我对自己有了更多的了解和认识	1	2	3	4
4. 此次团体活动让我能更合理地处理我与本地人的关系	1	2	3	4
5. 整体而言,我喜欢团体进行的活动	1	2	3	4
6. 我觉得领导者带领得很用心	1	2	3	4
7. 通过此次小组活动,让我感受到更多的关心和爱	1	2	3	4
8. 此次团体活动让我认识到以前我存在的一些有关本地人与外地人不合理的理念	1	2	3	4
9. 通过这次团体活动,我对一些成员有了更深的了解,增进了我们的了解与友谊	1	2	3	4
10. 本次团体活动让我能更好地应对生活中的一些负性事件,通过一定的策略,积极调节自己心态	1	2	3	4
11. 我觉得这次团体经验很有意义	1	2	3	4
12. 通过这次团体活动使我的生活质量有一定程度的改善	1	2	3	4
13. 我觉得在活动中找到了自己的价值感	1	2	3	4